《《《《アクティブ・ラーニング対応》》》》

日本語を分析するレッスン

❖❖❖

野田尚史・野田春美
【著】

大修館書店

目　次

この本を読んでくださる方へ ……v

レッスン1　しりとり ………3
次は何の音で始めるべきか迷う場合／1つのことばとして認めるか迷う場合／ずるいと言われそうなことば／一般的なことばかどうかが問題となる場合

レッスン2　ことばの意味 ………13
意味が似ていることば／複数の解釈ができることば／2つの部分が組み合わさったことばの意味／文字どおりの意味と違う意味になる場合

レッスン3　若者ことば ………23
略して言う若者ことば／程度が高いことを表す若者ことば／あいまいにぼかす若者ことば／「ちがう」の若者ことば

レッスン4　和語・漢語・外来語 ………33
和語と漢語と外来語の区別／和語と漢語の使い分け／外来語の使い方／外来語が受け入れられるときの形の変化

レッスン5　会話の失敗 ………43
伝えようとしていない意味を相手が感じとってしまう失敗／お客さんの心をつかめない接客の失敗／相手に悪い印象を与えてしまう失敗／会話がうまくいく方法

レッスン6　音声と文字 ………53
1つの音が2種類の文字で表される場合／長音の書き方／外来語音の書き方／助数詞と音の変化

レッスン7　ことば遊び ………63
シャレ／早口ことば／ことばのなぞなぞ／回文

レッスン8　話しことばと書きことば ………75
話しことばでの音の変化／話しことばに現れる文／話しことばを読みやすい

書きことばにする／小説の会話文

レッスン9　あいまい文 ………87
聞いたときの「あいまい文」／読んだときの「あいまい文」／係り方のあいまいさ／省略されている語句のあいまいさ

レッスン10　カタカナ ………97
日本語の文字の使い分けの基本／漢字を避けてカタカナで書くことのあることば／特別にカタカナで表されることば／カタカナによってニュアンスを付け加えることば

レッスン11　マンガのことば ………107
マンガにみられる話しことばの表現／人間のことばの表し方／擬音語・擬態語による表現／ことばで笑わせるマンガ

レッスン12　方言 ………123
方言によって言い方が違うことば／標準語と同じ形の方言／方言だと意識されにくい方言／方言の動詞の活用

レッスン13　丁寧体と普通体 ………133
丁寧に言う形／丁寧体と普通体の使い分け／普通体の中の丁寧体／丁寧体の中の普通体

レッスン14　漫才のことば ………143
ことばの形や意味が笑いにつながる場合／何かを言わないことが笑いにつながる場合／言うべきでないことを言うことが笑いにつながる場合／予想を裏切る言動が笑いにつながる場合

レッスン15　外国の人の日本語 ………157
ことばの使い方が違う外国の人の日本語／ことばの組み合わせ方が違う外国の人の日本語／いつ何を言うかが違う外国の人の日本語／どう書くかが違う外国の人の日本語

この本を読んでくださる方へ

この本で授業を受ける方へ

　この本は，身近な日本語を材料にして，日本語がどのような仕組みで成り立っているのかを分析するためのテキストです。分析の材料は，「しりとり」「若者ことば」「ことば遊び」「マンガ」など，皆さんになじみのあるものにしています。

　ふだんは日本語の仕組みなど何も考えずに自由にことばを使っていると思います。ぜひこの授業で，無意識に使っている日本語の奥にひそむ法則性を見つけ出してほしいと思います。

　「分析」なんて難しいと感じるかもしれません。ですが，コツをつかんでしまえば，楽しくなるだろうと期待しています。

　うまく分析できるようになれば，一見すると不思議に思えるような現象にも理由があり，必然性が十分にあることがわかってくるはずです。日本各地の方言や外国の人の話す日本語には，最初はなぜそのように言うのか見当もつかないことばもあるでしょう。そのようなことばも，じっくり考えれば，そのように言う理由がだんだんわかってきます。

　このテキストは，皆さんに知識を与えることを目的とはしていません。皆さんが自分の頭で考え，自分で答えを見つけ出し，さらには，ほかの人の意見を聞いて，自分の考えを改めたり自分の考えを発展させたりできるようになることを目指しています。

　ですから，授業には受け身の姿勢ではなく，積極的な姿勢で臨んでいただきたいと思います。自分で考え，自分の考えをほかの人に積極的に伝え，ほかの人の意見を聞いてさらに考えを深めようという姿勢です。

　この授業によって，いろいろな場でさまざまな情報を分析し，その場その場で適切な答えを見つけ出していく皆さんの能力が高まることを願っています。

この本で授業をなさる方へ

　この本は，大学や短大の初年次教育科目や言語関係の基礎科目のテキストとして，アクティブ・ラーニングを行いやすいように作ったものです。授業科目に合わせて，「レッスン」や「問題」を取捨選択しながら半年の授業で使うこともできますし，すべてを丁寧に扱いながら1年間の授業で使うこともできます。

　この本の使い方としては，受講者を4人ずつぐらいのグループに分け，各グループにそれぞれ1つずつ「問題」を割り当て，「ヒント」を参考にしながら話し合ってもらい，その結果をみんなの前で発表してもらうという形を想定しています。

　各レッスンの最後のページには，「課題」が3つずつあります。これは，宿題やレポートの課題にしていただこうと思って付けました。

　なお，この本を授業のテキストとして採用してくださる方や，採用を検討してくださる方には，授業をするためのヒントを提供します。詳しいことは，大修館書店編集部（連絡先は奥付参照）にお問い合わせください。

この本を読んでくださる一般の方へ

　この本に載っている「問題」は，ほかの本を見たり自分で情報を集めたりしなくても，自分で考えればよいものにしています。ぜひご自分でいろいろな例を考えたり，日本語にまつわるこれまでの経験を思い出したりしながら，「問題」を考えていただければうれしく思います。

　この本には，「問題」の答えは書いてありません。「正解」を知ることより，自分の頭で考えることが大事だからです。そもそも「正解」は必ずしも1つではありません。興味のない「問題」は飛ばしていただいて結構です。よくわからない「問題」があったときは，周りの人たちといっしょに考えていただければ，解決のヒントが見つかるかもしれません。

　この本の「問題」を考えることにより，日本語のさまざまな仕組みに気づき，「おもしろい！」と思っていただけることを願っています。

＜アクティブ・ラーニング対応＞
日本語を分析するレッスン

レッスン 1 しりとり

　しりとりは，ほとんどの人が経験したことがあるでしょう。「ん」で終わることばを言ったら負けになるというシンプルな遊びのように見えます。しかし，次のように意見が分かれたことはないでしょうか。

　　（1）「きしゃ（汽車）」
　　　　　「やまぐち（山口）」
　　　　　「「や」じゃなくて「しゃ」じゃない？　それに，山口ってあり？」

　しりとりで意見が分かれそうなところには，ことばのさまざまな問題が関係しています。
　このレッスンでは，「しりとり」にひそむ，ことばの問題を分析していきましょう。

問題1　次は何の音で始めるべきか迷う場合

(ア)　しりとりで，前の人が(1)～(3)のようなことばを言ったら，次の人は何で始まることばを言うべきでしょうか。複数の可能性がある場合は，複数あげてください。

　　(1)　汽車　　　選挙
　　(2)　ルビー　　ストロー
　　(3)　交通　　　封筒

(イ)　(ア)ではどのようなルールに従っているかを考えてください。複数の可能性がある場合は，それぞれについてルールを考えてください。(2)と(3)は実は似ています。しりとりでは(2)と(3)で違いがあるか，あるとすればなぜかについても考えてください。

(ウ)　前の人が(4)(5)のようなことばを言ったら，次の人は何で始まることばを言うべきでしょうか。複数の可能性がある場合は，複数あげてください。

　　(4)　メジャー　シチュー
　　(5)　野球　　　社長

(エ)　(ウ)ではどのようなルールに従っているかを考えてください。複数の可能性がある場合は，それぞれについてルールを考えてください。(4)と(5)で違いがあるか，あるとすればなぜかについても考えてください。

●問題1(ア)を考えるときのヒント

(1)～(3)のようなことばが出たとき，次の人が何で始めるかは，人によって意見が違うかもしれません。

実際にしりとりで遊ぶときには，どのルールに統一するか，あるいは複数の続け方を認めるかを，参加者が話し合って決めることになるでしょう。子どもの遊びは，コミュニケーションを学ぶ機会でもあるのです。

●問題１(イ)を考えるときのヒント

　日本語には、小さい「ゃ」「ゅ」「ょ」を付けて書き表される音（拗音）があります。特別な書き方をするため、ことば遊びなどではその扱いに迷いが見られます。たとえば、「チョコレート」は、指を折りながら音を数えると、「チョ・コ・レ・ー・ト」と５つになるでしょう。しかし、ジャンケンをしてグーで勝ったら「グ・リ・コ」と３歩進むという遊びのときには、「チ・ヨ・コ・レ・ー・ト」と６歩になるのではないでしょうか。では、しりとりで拗音に続けるときのルールはどうなっているでしょうか。

　日本語には、前の音の母音（ア・イ・ウ・エ・オ）を１字分伸ばす音（長音）があり、外来語をカタカナで書くときなどは「ー」で表されます。たとえば、「カレー」の「ー」は「レ」の母音「エ」を伸ばした音です。(2)では、長音部分の発音を確認してから、しりとりのルールを考えてください。

　長音が音として現れるのは、カタカナのときだけではありません。(3)の「交通」は「コーツー」、「封筒」は「フートー」と発音されますが、「こうつう」「ふうとう」と書く決まりになっています。では、しりとりでこのようなことばに続けるときのルールはどうなっているでしょうか。外来語の場合と同じでしょうか、違うでしょうか。

●問題１(ウ)を考えるときのヒント

　(イ)で考えた拗音と長音が続いているのが(4)(5)です。たとえば(4)の「メジャー」は、「ジャ」という拗音の後に長音が続いています。

●問題１(エ)を考えるときのヒント

　(5)は、まず、どう発音されるかを確認する必要があります。「社長」はひらがなで書くと「しゃちょう」ですが、実際にはどう発音されるでしょうか。

　発音を確認してから、(イ)で考えた拗音に関するルールと長音に関するルールがどのように組み合わせられるのか、(4)と(5)で違いはあるのかを考えてください。

問題2　1つのことばとして認めるか迷う場合

(ア)　しりとりでは，認められることばと認められないことばがあるようです。(1)〜(5)のようなことばは，しりとりで認められるでしょうか。認められないことばがある場合は，なぜかも考えてください。

　　(1)　歩く　　　　行こう
　　(2)　暑い　　　　寒かった
　　(3)　静か　　　　ナイーブ
　　(4)　のんびり　　とても
　　(5)　騒ぎ　　　　走り

(イ)　(6)〜(8)のようなことばは，しりとりで1つのことばとして認められるでしょうか。認められないことばがある場合は，なぜかも考えてください。

　　(6)　木の実　　　やしの実
　　(7)　タケノコ　　きのこ　　猫の子
　　(8)　火の粉　　　孫の手

(ウ)　(9)〜(11)のようなことばは，しりとりで認められるでしょうか。認められないことばがある場合は，なぜかも考えてください。

　　(9)　道草　　　帰り道
　　(10)　身の上話　　一人暮らし
　　(11)　ドラム式洗濯乾燥機

(エ)　(ア)〜(ウ)をふまえて，しりとりで1つのことばとして認められるかどうかのルールを考えてください。

●問題2(ア)を考えるときのヒント

しりとりは，「いちご」「コップ」のような名詞が基本です。ただし，「愛」「注意」「思考」のように抽象的な名詞は無意識に避けられるようです。

「歩く」のような動詞,「暑い」のような形容詞,「静か」のような形容動詞,「のんびり」のような副詞は,認められるでしょうか。

また,動詞は連用形が名詞として使われることがあります。「騒ぎ」は,「皆で騒ぎ,楽しんだ」のように動詞「騒ぐ」の連用形としても,「騒ぎが朝まで続いた」のように名詞としても使われます。「騒ぎ」はしりとりで認められるでしょうか。「走る」から生まれた「走り」はどうでしょうか。

●問題2(イ)を考えるときのヒント

しりとりでは,「家の前」のように単語と単語が「の」で結び付いたことばは認められないのが普通です。

では,単語と単語が「の」で結び付いて1つのことばになってしまったものはどうでしょうか。タケノコは,もともと「竹の子」です。きのこは,もともと「木の子」です。「火の粉」は「ひのこな」とは読まず,「ひのこ」と読みます。「孫の手」は,背中がかゆいときなどに使う道具の名前です。これらはしりとりで認められるでしょうか。

●問題2(ウ)を考えるときのヒント

ことばの中には, 2つ以上の要素が「の」などを使わずに結び付いたものがあります。

「道草」は「道」と「草」が,「帰り道」は「帰り」と「道」が結び付いたものでしょう。「身の上話」は「身」と「上」が「の」で結び付き,さらに「話」と結び付いていますが,意味としては1つのことばのように思えます。しりとりではこのようなことばは認められるでしょうか。認められる場合と認められない場合があるとしたら,その違いは何でしょうか。

●問題2(エ)を考えるときのヒント

1つのことばかどうかは,たいへん難しい問題です。しりとりで認められるかどうかについても,いろいろな考え方があるでしょうから,ルール案を複数作ってもかまいません。

問題3　ずるいと言われそうなことば

(ア) しりとりでは，ほかの人を困らせるために，「きゅうり」「はかり」「こおり」というように同じ音で終わることばを続ける作戦があります。では，(1)～(4)のようなことばは認められるでしょうか。認められないことばがある場合は，なぜかも考えてください。

　　(1)　魚屋　　肉屋　　おもちゃ屋
　　(2)　2冊　　4冊　　8冊
　　(3)　じゃがいも　　さつまいも　　さといも
　　(4)　チーズケーキ　　ショートケーキ

(イ) 「お」や「こ」「て」で終わることばばかりを言う作戦で攻められたときなどに，(5)～(7)のようなことばを言うのは認められるでしょうか。認められないことばがある場合は，なぜかも考えてください。

　　(5)　お茶　　お弁当　　お年玉
　　(6)　子犬　　子猫　　子熊
　　(7)　手紙　　手品　　手料理

(ウ) (8)の「皮」や(9)の「歯」は，認められるでしょうか。認められない場合は，なぜかも考えてください。

　　(8)　A「かわ」
　　　　 B「さっき出たよ」
　　　　 A「流れる「川」じゃなくて，ミカンの「皮」」
　　(9)　A「は」
　　　　 B「はっぱの「葉」？　じゃあ，口の「歯」」
　　　　 C「じゃあ，包丁とかの「刃」」
　　　　 A「じゃあ，くしの「歯」」

(エ) (ア)～(ウ)をふまえて，しりとりで「ずるい」として認められないのはどのような場合かをまとめてください。

●問題3(ア)を考えるときのヒント

　ことばには，いろいろなことばの後に付くことのできるものがあります。たとえば，(1)の「〜屋」は，いろいろなことばの後に付いて，それを売る店を表します。(2)の「冊」は，数字の後に付いて，その数字が本や雑誌の数だということを表します。一方，(3)の「いも」のように，前に来ることばの種類が限定されているものもあります。

　(1)〜(4)で認められないものがあるとしたら，それはなぜでしょうか。「きゅう<u>り</u>」「はか<u>り</u>」「こお<u>り</u>」のように「り」で攻めるのとはどう違うでしょうか。認められる場合と認められない場合の違いを考えてください。

●問題3(イ)を考えるときのヒント

　ことばには，いろいろなことばの前に付くことのできるものがあります。たとえば，(5)の「お」は，いろいろなことばの前に付いて，ことばを上品にする役割などを果たします。

　(5)の「お〜」と(6)の「子〜」と(7)の「手〜」は，同じように認められるでしょうか。認められるものと認められないものがあるとしたら，それは何が違うからでしょうか。

●問題3(ウ)を考えるときのヒント

　同じ音で違う意味のことば(同音異義語)がある場合，(8)や(9)のようなやりとりが考えられます。(8)や(9)のように文字で書いたときには漢字があるので，まだわかりやすいです。しかし，実際のやりとりは音だけなので，もっとわかりにくいでしょう。そういうことも考慮しながら考えてください。

●問題3(エ)を考えるときのヒント

　しりとりは勝ち負けのあるゲームですから，自分はできるだけ楽をし，ほかの人を困らせようとするのは当然です。しかし，それでも「ずるい」として認められないのはどういう場合かをまとめてください。

問題4　一般的なことばかどうかが問題となる場合

(ア) しりとりでは，認めるかどうかで意見が割れることばがあります。（1）〜（6）のようなことばは認められるでしょうか。認められないことばがある場合は，なぜかも考えてください。

(1) ドイツ　　アジア　　北海道　　本州
(2) 豊臣秀吉　　桃太郎　　アダム　　福原愛
(3) 銀河系　　シリウス　　木星　　月
(4) 源氏物語　　モナリザ　　ソーラン節
(5) ピカチュウ　　顔(かお)なし　　ヨーダ　　ティガー
(6) ガスト　　ユニクロ　　一風堂(いっぷうどう)　　土風炉(とふろ)

(イ) （7）〜（9）のようなことばは，すべて，しりとりで認められるでしょうか。認められないことばがある場合は，なぜかも考えてください。

(7) スパゲッティ　　ドリア　　フェトチーネ
(8) グレープフルーツ　　シークワーサー
(9) カップヌードル　　ポッキー　　爽健美茶(そうけんびちゃ)

(ウ) (10)(11)のようなことばは，しりとりで認められるでしょうか。認められないことばがある場合は，なぜかも考えてください。

(10) 音(おと)ゲー　　リア充(じゅう)　　恋(こい)バナ　　歴女(れきじょ)
(11) コンビニ　　ケータイ　　バイト

(エ) （ア）〜（ウ）をふまえて，しりとりで認められることばと認められないことばを区別するルールをまとめてください。

●問題4（ア）を考えるときのヒント

（1）の「ドイツ」のような地名，（2）の「豊臣秀吉」のような人名など，その事物だけに付けられた名前を固有名詞と言います。固有名詞には，よく知られたものもあれば，一部の人しか知らないものもあります。しりと

りではどう扱われるでしょうか。
　また，固有名詞であるかどうかを判断するのが難しい場合があります。国名が固有名詞なら，（3）の「木星」のような星の名前はどうでしょうか。
　（4）のような作品名や，（5）のようなキャラクターの名前，（6）のようなチェーン店の名前はどう扱われるでしょうか。

●問題4（イ）を考えるときのヒント

　普通の名詞でも，多くの人が知っていることばと，あまり知られていないことばがあります。（7）の「フェトチーネ」はパスタの種類ですが，「スパゲッティ」に比べると知っている人が少ないでしょう。（8）の「シークワーサー」は沖縄で採れる柑橘類（かんきつるい）ですが，「グレープフルーツ」に比べると知っている人が少ないでしょう。このようなことばは認められるでしょうか。（9）のような商品名はどうでしょうか。

●問題4（ウ）を考えるときのヒント

　若者ことばや流行語には，（10）のような略語が多く見られます。（11）のように一般的に使われる略語もあります。このようなことばは，しりとりで認められるでしょうか。（10）と（11）で違うとしたら，どう区別すればいいかも考えてください。
　認める場合は，「ケータイ」が出たあとで「携帯電話」ということばが出たときに認められるかどうかも考えてください。

●問題4（エ）を考えるときのヒント

　一般的なことばなのかどうかは難しい問題です。しりとりで認めるかどうかについても，いろいろな考え方があるでしょう。しりとりで認められることばと認められないことばを区別するルールを複数考えてもかまいません。

課題1

　問題1から問題4で考えたことに基づいて，しりとりのルールをまとめてください。その際，子どもでも遊べるように，「固有名詞」のようなことばはできるだけ使わず，具体例をあげながら，わかりやすく説明するようにしてください。

課題2

　しりとりで勝つためには，ほかの人がことばを続けられなくなるようにする必要があります。まず，日本語のことばでは何の音で始まることばが少ないかを国語辞典などで調べて，少ない音から順に5つあげてください。

　次に，それらの音で終わることばにはどのようなものがあるのかを逆引きの国語辞典（終わりの音から順にことばを探せる辞典）や電子辞書の逆引き検索機能などを使って調べてください。

　たとえば，「り」で始まることばが少ないとわかったら，「り」で終わることばにどのようなものがあるかを調べるということです。

課題3

　問題2から問題4で取り上げた，しりとりで認められることばかどうかという問題は，日本語の一般的な単語として認められるかという問題と深く関わっています。

　そこで，国語辞典を使って，しりとりで認められるかが問題になるようなことばが載っているかどうかを調べてみてください。問題2の「木の実」，問題3の「チーズケーキ」，問題4の「ソーラン節」など，いろいろなことばを調べてください。

　辞書に載っていることばと，しりとりで認められることばに違いがあるとしたら，どういう違いなのかを考えてください。

　辞書によって，どのようなことばが載っているかに違いがあるので，いろいろな辞書を比べて，それぞれの辞書の特徴を考えるのもよいでしょう。

レッスン

２ ことばの意味

　（１）の会話は，ことばの意味をどうとらえるかによって２つの解釈が考えられます。
　　　（１）「よかったら，りんご，持って帰らない？　ちょっと重いけど。」
　　　　　　「大丈夫です。」
「大丈夫」の意味を心配に対して「重くても問題ない」ということだととらえ，りんごを持って帰ると思うのが１つの解釈です。
　「大丈夫」の意味を勧めに対する断りだととらえ，りんごを持って帰らないと思うのがもう１つの解釈です。こちらは，近年よく使われるようになった「大丈夫」の意味です。
　このように，１つのことばが複数の意味をもったり，２つ以上のことばが似た意味をもったりすることがあります。
　このレッスンでは，ことばの意味についていろいろな面から分析していきましょう。

問題1　意味が似ていることば

(ア) （1）～（3）はそれぞれ意味が似ていますが，違いもあります。それぞれ意味の共通点と相違点を考えてください。

　　（1）　水　　　―　　湯
　　（2）　冷たい　―　　寒い
　　（3）　つまむ　―　　つかむ

(イ) （4）は意味はよく似ていますが，違いがあります。共通点と相違点を考えてください。

　　（4）　〜のおかげで　―　〜のせいで

(ウ) （5）はことばが表す対象が全く同じですし，（6）も意味はよく似ています。しかし，何か違いがあります。どのような違いかを考えてください。ほかにも似た例をあげてください。

　　（5）　今日（きょう）　―　本日
　　（6）　すぐに　―　すみやかに

●問題1（ア）を考えるときのヒント

　意味が似ていることば（類義語）は，基本的に，意味が重なっている部分が大きいですが，一部が異なっています。たとえば次の（7）のようにです。

　　（7）　めがね　―　サングラス
　　　［共通点］　左右2つのレンズを通して物を見るための器具。耳と鼻で支えるように装着する。
　　　［相違点］　めがねの主な目的　　：視力を矯正する。
　　　　　　　　　サングラスの主な目的：強い日光から目を守る。

　このように，まず共通点を考えてください。たとえば，（1）の「水」と「湯」の共通点は液体だということだけではありません。共通点を考えたあとに，相違点を考えてください。

　（2）については，共通点を考えたあとに，どのようなときにどちらを使

うか，具体的な場面や文を思い浮かべて考えるとよいでしょう。たとえば，(8)〜(11)のような例文で「冷たい」と「寒い」のどちらが自然かを考えるとよいでしょう。

　　(8)　暑くなってきたので，{冷たい／寒い}麦茶が飲みたい。
　　(9)　今年の冬は{冷たいね／寒いね}。
　　(10)　エアコンから流れてきた空気が{冷たい／寒い}。
　　(11)　エアコンが効きすぎて，{冷たい／寒い}。

(3)についても，いろいろな場面や文を参考にして，違いを考えてください。

●問題1(イ)を考えるときのヒント

　類義語には，意味は似ていてもニュアンスが違うものがあります。たとえば，(12)(13)のあとにはどのような内容が続くでしょうか。

　　(12)　兄のおかげで_____。
　　(13)　兄のせいで_____。

あとに続く内容が違うのは，「おかげで」と「せいで」にどのような意味の違いがあるためでしょうか。違いがわかったら，「おかげで」と「せいで」に共通する意味も考えてください。

●問題1(ウ)を考えるときのヒント

　2つ以上のことばの表す対象が同じなのに，何かが違うことがあります。たとえば，(14)のような文では片方のことばしか使われないのではないでしょうか。もう一方のことばはどのようなときに使われるでしょうか。

　　(14)　[友だちに]
　　　　　「ねえ，{今日／本日}，カラオケ行かない？」

(6)は意味がよく似ています。どのようなときにどちらが使われやすいかを具体的な場面や文をあげて考えてください。

問題2　複数の解釈ができることば

（ア）ことばには複数の解釈ができるものがあります。そのために誤解が生じることもあります。（1）では，なぜ誤解が生じたのでしょうか。

（1）　仏壇のお供えにと亡き義母が好きだった酒饅頭を買って帰った。中2の長男に「チンして供えておいてね」と頼んだところ，仏具の「りん」を鳴らすのではなく，電子レンジで「チン」してほかほかに温めて供えていた。

（東京都羽村市・ピンとこなかった？・39歳）

（『朝日新聞』2016.9.3，be on Saturday，p.b10，「いわせてもらお」）

（イ）（1）の「チンする」のように複数の解釈ができることばの例をあげて，それぞれの意味を説明してください。

（ウ）（1）のように，あることばが複数の解釈ができるために誤解が生じた例をあげてください。自分の経験を思い出せないときは，そのような例を想像で考えてもかまいません。

●問題2（ア）を考えるときのヒント

　ことばには複数の解釈ができるものがあります。「チンする」は俗語（あらたまったときには使わないくだけたことば）ですが，2つの解釈ができます。

　しかし，複数の解釈ができることばがあっても，普通は誤解は生じません。「高い」には，地面からの高さの意味や，値段の高さの意味などがありますが，（2）の「高い」をビルの値段の高さだとは思わないでしょう。

（2）　駅前に高いビルができた。

　では，（1）ではなぜ誤解が生じたのか，どう言えば誤解が生じなかったのかを考えてください。

レッスン2 ことばの意味

●問題2（イ）を考えるときのヒント

　複数の意味をもつことばはたくさんあります。次の（3）～（5）のことばにも，複数の意味があります。

　　（3）「名前」　　　意味1：姓名。
　　　　　　　　　　　意味2：姓名の姓を除いた，ファーストネーム。
　　（4）「パンツ」　　意味1：下半身用の短い下着。
　　　　　　　　　　　意味2：下半身用の洋服で，脚部が二股（ふたまた）に分かれ
　　　　　　　　　　　　　　 た筒状になっているもの。ズボン。
　　（5）「おじさん」　意味1：親の兄弟。
　　　　　　　　　　　意味2：他人である中高年の男性。

ほかの例を考えて，それぞれの意味を説明してください。

●問題2（ウ）を考えるときのヒント

　次の（6）のような慣用句も，子どものように知識が少ない人は誤解する可能性が高いものです。

　　（6）　ご近所からタケノコをもらった。「足がはやいから，すぐ食べ
　　　　　ないと」という大人たちの会話を聞いた3歳のめいが，バケツ
　　　　　の水からタケノコを取り出して床に並べ，じっと見つめていた。
　　　　　「全然，走らないよ」
　　　　　（愛知県日進市・やっぱりそう考えたか・57歳）
　　　　　（『朝日新聞』2014.5.3, be on Saturday, p.b10,「いわせてもらお」）

「鼻が高い」「耳が痛い」なども，単純な意味と慣用句としての意味があるので，文脈や相手によっては誤解が生じる可能性があります。
　「えらい」ということばが地域によっては「疲れた」という意味で使われるなど，地域差（方言）が関係して，複数の解釈ができることもあります。
　ことばに複数の意味があるために誤解が生じた例や，生じる可能性のある例をあげてください。慣用句でも方言でも，何でもかまいません。

問題3　2つの部分が組み合わさったことばの意味

（ア）　次の（1）（2）では，意味がどのように違うでしょうか。（1）と（2）に共通して言えることを考えてください。

（1）　びんビール／ビールびん

（2）　野球少年／少年野球

（イ）　ほかのことばと組み合わせて，いろいろなことばを作ることのできることばがあります。たとえば，「〜焼（き）」は（3）〜（5）のようにいろいろなことばに付きます。ほかの例もあげて，「焼き」とその前の部分の関係を整理してください。

（3）　卵焼き

（4）　バター焼き

（5）　有田焼

（ウ）　「［名詞］の［名詞］」では，2つの名詞の関係はさまざまです。（6）〜（9）では，それぞれ前の名詞と後の名詞はどのような関係になっているでしょうか。

（6）　私の荷物　　友だちの名前　　姉の夫

（7）　茶色のバッグ　　20歳の男女　　100円のパン

（8）　机の下　　箱の中　　授業の前

（9）　夕食の準備　　レポートの提出

（エ）　「［名詞］の［名詞］」で，前の名詞と後の名詞の関係が（ウ）の（6）〜（9）と同じようになっているものをそれぞれ考えてください。

●問題3（ア）を考えるときのヒント

2つの部分が組み合わさったことばは，2つの部分の順番によって普通は違う意味になります。違いを考えるには，次の（10）のような例も参考になります。「〜丼」と「牛〜」の「〜」の部分は，それぞれ「丼」「牛」に対してどのような意味を表しているでしょうか。

(10) 〜丼：牛丼，カツ丼，天丼，海鮮丼，鰻丼…
　　　牛〜：牛丼，牛肉，牛乳，牛タン，牛舎，…

● 問題3（イ）を考えるときのヒント

いろいろなことばと組み合わせて新しいことばを作ることができることばは，（3）〜（5）の「〜焼（き）」のほかにもいろいろあります。

(11) 　注意書き　　　：「注意」は，書く［対象］
　　　手書き　　　　：「手」は，書く［道具］
　　　一筆書き　　　：「一筆」は，書く［方法］
　　　前書き・後書き：「前」「後」は，書く［位置］
　　　縦書き・横書き：「縦」「横」は，書く［方向］
　　　寄せ書き　　　：「寄せ」は，書く［様態］

「〜焼（き）」についても，例をたくさんあげてから整理してください。

なお，「すき焼き」の語源は定かではありません。農具の「すき」の金属部分で具を焼いたことが語源だという説，肉を薄く切った「すき身」が語源だという説などがあります。「蒲焼き」の語源も複数の説があります。

● 問題3（ウ）を考えるときのヒント

「［名詞］の［名詞］」の前の名詞と後の名詞の関係は，（6）の「私の荷物」と「姉の夫」では，細かく見ると少し違います。ただ，（7）の「茶色のバッグ」や（8）の「机の下」に比べれば，「私の荷物」と「姉の夫」の前の名詞と後の名詞の関係は似ていると言えるでしょう。そのように大きく分けたときの，前の名詞と後の名詞の関係を考えてください。「AのB」を「BがAだ」と言えるかなど，いろいろな面から考えてみてください。

● 問題3（エ）を考えるときのヒント

「［名詞］の［名詞］」の例をいろいろ考えると，（6）〜（9）のどれともあまり似ていないものが出てくるかもしれません。そのようなものについては，（6）〜（9）とは別の新しいタイプとして扱ってください。

問題4　文字どおりの意味と違う意味になる場合

(ア)　(1)のような会話が成り立つことがあります。ことばの意味を文字どおりに受け取ると、(2)のような会話になってしまうかもしれません。なぜ、(1)のような会話が成り立つのかを考えてください。

(1)　［遊園地でのデート中に］
「あっ、あそこに自販機あるね。」
「あ、何か飲む？」

(2)　「あっ、あそこに自販機あるね。」
「うん、あるね。」

(イ)　(3)の文は、この場面では、どのような意味が感じられるでしょうか。なぜそのような意味が感じられるのでしょうか。

(3)　［アルバイトに遅刻したときにそこの店長が］
「学生さんって、お忙しいんですね。」

(ウ)　「かもしれない」は次の(4)のように使われるのが基本ですが、(5)のように使われることもあります。(5)では、どのような意味が感じられるでしょうか。

(4)　「今日は雨が降るかもしれないよ。」

(5)　「2回誘って断られたんなら、もうあきらめたほうがいいかもしれないよ。」

●問題4(ア)を考えるときのヒント

ことばは、文脈や場面によって、元の意味とは違う意味をもつことがあります。たとえば、「(私は)用事がある」は状況を述べるだけの文ですが、遊びに誘われたときに「ちょっと用事があって…」と言えば、「今日は(用事があるから)遊びには行けない」という断りだと解釈されるでしょう。

(2)は、次の(6)に比べて不自然に感じられます。

(6)　「この辺、自販機がたくさんあるね。」

「うん，あるね。」
このことも参考にして，(1)の会話が成り立つ理由を考えてください。

●問題4(イ)を考えるときのヒント

(3)の場面で次の(7)のように答えると，おそらく怒られてしまうでしょう。

(7) ［アルバイトに遅刻したときに］
店長「学生さんって，お忙しいんですね。」
学生「はい。レポート多いし，けっこう大変なんです。」

でも，次のような会話なら，自然に成り立つでしょう。

(8) ［アルバイトを終えて眠そうにあくびしているときに］
店長「学生も，忙しいんだね。」
学生「はい。レポート多いし，けっこう大変なんです。」

(3)では，店長はどういうことが言いたいのか考えてください。

●問題4(ウ)を考えるときのヒント

(4)のように言うときと(9)のように言うときでは，雨が降るとどれくらい強く思っているかに違いがあります。どのような違いでしょうか。

(4) 「今日は雨が降るかもしれないよ。」
(9) 「今日は雨が降るよ。」

(5)のように言うときと(10)のように言うときでは，「もうあきらめたほうがいい」とどれくらい強く思っているかに違いがあるでしょうか。

(5) 「2回誘って断られたんなら，もうあきらめたほうがいいかもしれないよ。」
(10) 「2回誘って断られたんなら，もうあきらめたほうがいいよ。」

(5)と(10)で，「もうあきらめたほうがいい」とどれくらい強く思っているかにあまり違いがないとしたら，「かもしれない」を付けることでどのようなことが表されるのでしょうか。

課題1

「簡単」と「やさしい」、「さわる」と「ふれる」のように意味が似ていることばについて、それぞれが実際に使われている例を小説や雑誌などから集めた上で、共通点と相違点を考えてください。

課題2

「だけ」と「しか〜ない」は、(1)と(2)のように似た意味を表します。
　(1)　好きな曲だけ聴きたい。
　(2)　好きな曲しか聞きたくない。

しかし、(3)と(4)のように、文脈などによって片方だけが自然になる場合もあります。
　(3)×きのうは2時間だけ寝たから、今日は眠くて仕方ない。
　(4)　きのうは2時間しか寝なかったから、今日は眠くて仕方ない。

「だけ」と「しか〜ない」それぞれが実際に使われている例を小説や雑誌、あるいはインターネットからたくさん集めてください。そして、もう一方のことばと置き換えたときに不自然になるかどうかを調べながら、どのようなときにどちらが使われるかを考えてください。

課題3

1つのことばがたくさんの意味をもつことがあります。国語辞典でたくさんの意味をもつことばを探し、それぞれの意味がどのような関係になっているかを考えてください。たとえば、「やわらかい」ということばは、「やわらかいパン」のように物の固さについて述べるときに使うだけでなく、「表情がやわらかい」「色合いがやわらかい」のように使うこともできます。それぞれの意味や用法がどうつながっているかを考えてください。

レッスン

3 若者ことば

（1）は，若者同士の会話のように感じられます。
> （1）「てか，このケーキ，ヤバい！　コンビニのなのに普通においしい。ケーキ屋にも勝ってるっぽい！」
> 「マジ？」

「てか」「ヤバい」「普通に」「っぽい」「マジ？」のように若者がよく使うことばを若者ことばと呼ぶことがあります。

　若者ことばといっても，若くない人が使うこともありますし，若者でも若者ことばを使わない人もいるので，厳密な名称ではありません。

　このレッスンでは，若者ことばにはどのようなものがあり，どのような性質があるのかを考えましょう。

問題1　略して言う若者ことば

(ア) 若者ことばでは，「おこ」（怒っている）のように，元のことばを略したことばが多く使われます。特にスマホやパソコンで入力するときには，(1)のように略した形が使われることがあります。このような略語が使われるのはなぜでしょうか。

  (1)　よろ　　りょ　　w　　kwsk

(イ) 若者ことばでは，(2)のように形容詞を略した形も使われます。どのような形容詞がどのように略されているかを考えてください。

  (2)　キモい　　むずい　　うざい　　はずい

(ウ) 若者ことばでは，(3)のように動詞を略した形も使われます。どのように略されているかを考えてください。また，動詞が略された若者ことばの例をほかにもあげてください。

  (3)　告る　　きょどる　　アピる

(エ) 若者ことばでは，(4)のように元のことばの複数の部分を略した形が使われることがあります。(5)のように一般的に使われる略語との共通点と相違点を考えてください。

  (4)　おたおめ　　いつメン　　とりま
  (5)　ファミレス　　各停　　卒論

(オ) (6)と(7)の印象の違いも参考にして，若者ことばで略語がよく使われる理由をいろいろな面から考えてください。

  (6)　「あいつ，きょどってるよ。」
  (7)　「あいつ，挙動不審になってるよ。」

●問題1（ア）を考えるときのヒント

若者ことばでなくても，(8)のような略語は使われます。

  (8)　PC（← Personal Computer）

スマホなどでの入力によるコミュニケーションが盛んな現代の若者は，

(1)の「よろ」(よろしく)、「りょ」(了解)、「w」(笑い)、「kwsk」(詳しく教えろ)のようなことばをよく使うようです。なぜでしょうか。

●問題1(イ)を考えるときのヒント

若者ことばでは、普通は略されないようなことばも略されます。(2)のような形容詞は略されますが、次の(9)(10)の形容詞は略されないようです。どのような形容詞がどのように略されるのでしょうか。

(9)　やさしい　→　×やさい

(10)　あたたかい　→　×あたい

●問題1(ウ)を考えるときのヒント

名詞に「する」を付けた「散歩する」「ドライブする」のような動詞は、たくさんあります。一方、名詞に「る」を付けた(11)(12)のような動詞は、俗語(あらたまったときには使わないくだけたことば)です。

(11)　メモる　(←メモする)

(12)　事故る　(←事故を起こす・事故が起きる)

若者ことばでは、さらに(3)のようなことばも使われます。どのような形になっているかを観察してください。

●問題1(エ)を考えるときのヒント

一般に、複数の部分からなる複合語は(13)のように略されます。

(13)　ファミリー　レストラン

(4)のような若者ことばも基本的には(13)のようなことばと似た作られ方ですが、少し違って感じられるのはなぜでしょうか。

●問題1(オ)を考えるときのヒント

若者ことばで略語が好まれる理由は、「省エネ」だけでしょうか。略語を使う場面や使うときの心境も思い出して考えてください。

問題2　程度が高いことを表す若者ことば

(ア) （1）の会話には，程度が高いことを表すことばが入っています。程度が高いことを表すことばが多く使われている会話は，どのような感じがするでしょうか。

　　（1）「この曲，メッチャいいよね。」
　　　　「うん，ヤバい。バリ聴いてる。もう，神。」

(イ) 若者ことばでは，ことばの元の意味とは違った使われ方をすることがあります。（1）や（2）のような「ヤバい」は，どのような意味で使われているでしょうか。本来の意味とどのように違うでしょうか。

　　（2）［おいしいものを食べて］ヤバい！

(ウ) 「マジ」もよく使われる若者ことばです。（3）（4）では，それぞれどういうことを表しているでしょうか。

　　（3）「もう，あいつ，マジでムカつく。」
　　（4）「今月からバイト変えたんだけど。」
　　　　「え，マジ？」
　　　　「けっこう時給上がってー。」
　　　　「へえ，マジ？」

(エ) （1）～（3）のように程度が高いことを表す若者ことばをほかにもあげて，それぞれどのように使われているか考えてください。以前は使っていたのに使わなくなった表現がないかも考えてください。

●問題2（ア）を考えるときのヒント

　若者ことばでは，程度が高いことを強調することばがよく使われます。いろいろなことばを使って程度の高いことが表されるのは，なぜでしょうか。このようなことばを使って会話をするときの心境や雰囲気を思い出して，考えてください。

●問題2(イ)を考えるときのヒント

「ヤバい」はもともと盗人(ぬすっと)などの隠語(集団以外の人にはわからないように使う仲間内だけのことば)で、危険な状況になりそうなことを表していました。その後、特定の集団に限られない俗語として、危険な状況や不都合な状況になりそうなことを表すようになりました。

若者ことばでは、とてもおいしいものを食べたときなど、何かを「すばらしい」と思い、感動したときに使われるようです。危険な状況であることと、「すばらしい」と感動したという状況に、気持ちの上で共通点はないでしょうか。「ヤバい」を使うときの心境を思い出して、考えてください。

●問題2(ウ)を考えるときのヒント

「マジ」は「まじめ(真面目)」からできたことばです。(3)ではどのようなことが表されているでしょうか。(5)のような表現と比べて考えてみてください。

　　(5)「もう、あいつ、すごくムカつく。」

さらに、(4)のように相づちとして使われるときには、どのような気持ちが表されているでしょうか。(6)のような表現と比べて考えてください。

　　(6)「今月からバイト変えたんだけど。」
　　　　「あ、そうなの。」
　　　　「で、けっこう時給上がってー。」
　　　　「へえ、そうなんだ。」

●問題2(エ)を考えるときのヒント

若者ことばは、地域によっても違いますし、時代によっても違います。若者ことばには新鮮さも大切なので、ある時期に流行したことばがすぐに使われなくなり、次の新しいことばが流行することもあります。

自分自身の周りで使われている、程度が高いことを表す若者ことばをあげ、複数ある場合は使い分けを考えてください。

問題3　あいまいにぼかす若者ことば

(ア) 若者ことばには，(1)(2)のような「とか」「たり」の使い方があります。どのように使われているでしょうか。(3)(4)のような本来の使われ方とどう違うでしょうか。

　(1)　あの店，予約とか要るのかなあ。
　(2)　洋楽とか聴いたりする？
　(3)　掃除とか洗濯とか，することがたくさんある。
　(4)　休みの日は映画を見たりテニスをしたりします。

(イ) 若者ことばには，(5)(6)のような「っぽい」の使われ方があります。(7)のような本来の使われ方とどう違うでしょうか。(5)(6)のような例をほかにもあげ，どのように使っているかを考えてください。

　(5)　やばっ。携帯，家に忘れてきたっぽい。
　(6)　［数名での待ち合わせに遅れて現れた友だちの姿を遠くから見つけて］
　　　「あ，やっと来たっぽい。」
　(7)　黒っぽい服

(ウ) 若者ことばには，(8)(9)のような「〜的」の使われ方があります。ほかにも例をあげ，どのように使っているかを考えてください。

　(8)　わたし的には，賛成ってわけじゃないんだけど。
　(9)　そんな，ま，いっか的な決め方でいいの？

(エ) (ア)〜(ウ)のようにあいまいにぼかす表現が若者ことばでよく使われるのはなぜかを考えてください。

●問題3(ア)を考えるときのヒント

(1)(2)の文は，「とか」や「たり」を使わない(10)(11)と比べて，どのような感じがするでしょうか。

(10) あの店，予約は要るのかなあ。

(11) 洋楽は聴く？

若者ことばの「とか」「たり」は，(3)(4)のような本来の使い方とどのようなところが同じで，どのようなところが違うでしょうか。

●問題3(イ)を考えるときのヒント

(5)のような若者ことばの「っぽい」は次の(12)のように，(7)のような本来の「っぽい」は(13)のように使われています。それぞれ，どのようなことばに接続しているでしょうか。

(12) [携帯，家に忘れてきた]っぽい。

(13) [黒]っぽい服

(5)は，「っぽい」を使わない次の(14)とはどのように違うでしょうか。「っぽい」を使わずに(5)と同じ内容を表すにはどのような表現にすればいいかを考えてもわかりやすいでしょう。

(14) 携帯，家に忘れてきた。

(6)のように「っぽい」を付けなくてもよさそうなのに付けることがあるのはなぜでしょうか。

●問題3(ウ)を考えるときのヒント

(8)は，「的」を使わずに「わたしは」と言ってもよさそうなのに「〜的に」と表現することがあるのはなぜでしょうか。

(9)は，「的」以外のことばで表現した(15)とはどう違うでしょうか。

(15) そんな，「ま，いっか」と妥協したような決め方でいいの？

●問題3(エ)を考えるときのヒント

あいまいにぼかす表現は若者ことばだけに見られるわけではありませんが，若者がよく使うとして非難されることがあります。ついつい使ってしまうとしたら，それはなぜなのかを考えてください。また，なぜ悪い印象を与えることがあるのかも考えてみてください。

問題4　「ちがう」の若者ことば

（ア）　（1）の「ちがかった」は，標準的な形ではありません。標準的な形は何でしょうか。「ちがかった」は，どのような品詞のことばに似た形でしょうか。

　　　　（1）　あ，ちがかった。

（イ）　（2）の「ちがくない」は，標準的な形ではありません。標準的な形は何でしょうか。「ちがくない」は，どのような品詞のことばに似た形でしょうか。

　　　　（2）　いや，ちがくないよ。

（ウ）　（3）の「(じゃ)ねー」は，「(では)ない」が言いやすいように変化した形です。では，「ちげー」に変化した元の形があるとすると，何だと考えられるでしょうか。

　　　　（3）　ちげーよ，オレじゃねーよ。

（エ）　「ちがう」が若者ことばなどで(1)～(3)のような形で使われる理由を，「ちがう」の意味から考えてください。

● 問題4（ア）を考えるときのヒント

動詞「もらう」を参考にして，「ちがう」の過去形を考えてください。「ちがかった」が，どのような品詞の過去形に似ているかも考えてください。

基本形［品詞］	過去形
もらう　［動詞］	もらった
ちがう　［動詞］	（　　　　　　）
あかい　［　　　］	あかかった
	ちがかった

近畿地方では，「ちがかった」はあまり使われませんが，「ちゃう」（ちがう）という形を変化させた「ちゃうかった」は使う人がいるようです。

レッスン3 若者ことば

● 問題4(イ)を考えるときのヒント

　動詞「もらう」を参考にして、「ちがう」の否定形を考えてください。「ちがくない」がどのような品詞の否定形に似ているかも考えてください。

基本形［品詞］	否定形
もらう　［動詞］	もらわない
ちがう　［動詞］	（　　　　　）
あかい　［　　　　］	あかくない
	ちがくない

● 問題4(ウ)を考えるときのヒント

　2つの母音が続くとき、言いやすいように音が変化することがあります。「ア＋イ」や「オ＋イ」は、くだけた話しことばでは、(4)(5)のように「エー」に変化することがあります。

　　(4)　ない　→　ねえ　(ネー)
　　(5)　すごい　→　すげえ　(スゲー)

「ウ＋イ」は、(6)のように「イー」に変化することがあります。

　　(6)　さむい　→　さみい　(サミー)

「ア＋ウ」は、「ちがう」が方言によっては「ちごう」(チゴー)になるように、「オー」に変化することがありますが、「エー」にはなりません。つまり、「ちげー」の元の形は「ちがう」ではないということになります。では、「ちげー」の元の形があるとすると、何でしょうか。

● 問題4(エ)を考えるときのヒント

　「ちがう」が(1)〜(3)のような形で使われる理由を考えるには、品詞が参考になります。「ちがう」は動詞です。動詞は、どのような意味を表すでしょうか。一方、「〜かった」「〜くない」と変化する品詞は、どのような意味を表すでしょうか。そして、「僕と兄は性格がちがう」のように使われる「ちがう」の意味は、どちらの品詞の性質に近いでしょうか。

課題1

若い出演者が出ているトーク番組や若者同士の会話を録音し，どのような若者ことばがどのように使われているかを分析してください。たとえば，「てか」「ていうか（てゆうか）」がどのような文脈でどのように使われているかなど，実際の場面を見た上で考察してください。

課題2

若者ことばに略語が使われたり程度の高い表現が使われたりするのは，現在の若者ことばだけの特徴ではありません。たとえば，1990年代後半には，「チョベリグ」（←超ベリー・グッド（very good）），「チョベリバ」（←超ベリー・バッド（very bad））といった略語もありました。

このように今や消えてしまった若者ことばをできるだけたくさんリストアップしてください。そして，それらを意味や形によって分類し，時代によって若者ことばがどのように変化してきたかを考察してください。

課題3

入力によるコミュニケーションが盛んな近年は，労力を省くために，「w」のような頭文字語や，「了解→りょ→り」のような短いことばが多く生まれているようです。また，インターネット上で生まれた「ググる」のようなことばもたくさんあります。このようなネット上で生まれたことばには，正確には「若者ことば」とは言いがたいものも多いのですが，両者の区別は困難です。SNSを含め，ネット上に見られる略語をたくさん集め，整理・分析してみてください。

レッスン

和語・漢語・外来語

日本語の単語には，（1）〜（3）のようにいろいろな種類があります。
  （1）　大きい　　食べる　　亀
  （2）　巨大　　　食事　　　動物
  （3）　ビッグ　　ランチ　　ペンギン
基本的に，（1）のように日本で生まれたことばを「和語」（やまとことば），（2）のように中国から取り入れたことばを「漢語」，（3）のように中国以外の外国から取り入れたことばを「外来語」と言います。これらが混じった次の（4）のようなことばは，「混種語」と呼ばれます。
  （4）　皇帝ペンギン　　和風シーチキンおにぎり
このレッスンでは，和語と漢語と外来語は性質がどう違うのか，どう使い分けられているのかを分析していきましょう。

問題1　和語と漢語と外来語の区別

（ア）　漢語は基本的に漢字で書かれますが，漢字で書かれることばがすべて漢語というわけではありません。（1）のことばを和語と漢語に分けながら，区別の仕方を考えてください。

（1）　わたし　　自分　　暑い　　楽しい　　大学
　　　勉強　　親子　　旅行　　さっぱり　　とても
　　　遊ぶ　　泣く　　空(そら)　　海　　花火　　郵便局

（イ）　外来語は基本的にカタカナで書かれますが，カタカナで書かれることばがすべて外来語というわけではありません。（2）のことばを外来語と和語と漢語に分けながら，区別の仕方を考えてください。

（2）　ジュース　　オススメ　　ゼッタイ　　ネコ
　　　バッチリ　　オトナ　　サークル　　ムリ
　　　ケータイ　　スランプ　　ドキドキ　　ブルー

（ウ）　漢語や外来語だと感じられるのに，実は日本で作られたことばがたくさんあります。（3）（4）もそうです。（3）が漢語と感じられ，（4）が外来語と感じられるのはなぜでしょうか。漢語や外来語だと感じられるが，日本で生まれたのかもしれない思うことばを，ほかにもあげてください。

（3）　返事　　大根　　社会　　電話　　阪神
（4）　バックミラー　　ジェットコースター
　　　フライドポテト　　テーマソング

● 問題1（ア）を考えるときのヒント

　漢字熟語が和語なのか漢語なのかを区別するには，漢字の音読(おんよ)みと訓読(くんよ)みの区別が大切です。音読みは，中国からその漢字が伝えられたときの中国での読み方を基本とするものです。一方，訓読みは，漢字の元の音とは関係なく，その漢字の意味と似た意味の和語を当てて読むものです。たと

えば，次の(5)(6)のような違いです。漢和辞典などでは，音読みはカタカナで，訓読みはひらがなで書かれています。

  (5) 読：［音読み］ドク ／ ［訓読み］よ(む))
  (6) 書：［音読み］ショ ／ ［訓読み］か(く))

●問題1(イ)を考えるときのヒント

 外来語は基本的にカタカナで書かれますが，和語や漢語であってもさまざまな理由でカタカナ表記されることがあるので，注意が必要です。たとえば(7)(8)のように和語や漢語がカタカナで表記されることがありますが，外来語ではありません。

  (7) サバ（鯖） キツネ（狐） ネギ（葱）
  (8) サイコー！(最高)

●問題1(ウ)を考えるときのヒント

 外来語の中には，外来語という意識がすっかり薄れ，和語と感じられることばもあります。16世紀から17世紀にポルトガルから伝わった「天ぷら」「たばこ」「かぼちゃ」などです。

 一方で，(3)のように，漢語だと感じられるのに日本で作られたことばもあります。(9)(10)のように和語が元になったことばもあれば，和語が元になったわけではない(11)のようなことばもたくさんあります。

  (9) 返事 ←かえりごと
  (10) 大根 ←おおね
  (11) 社会 科学 法律 電話 野球 時間 阪神

外来語だと感じられるのに日本で作られたことばもあります。(4)は日本で作られたことばで，それぞれ原語では次のように表現されます。

  (12) バックミラー   rearview mirror   (英語)
  (13) ジェットコースター roller coaster   (英語)
  (14) フライドポテト   French fries, chips (英語)
  (15) テーマソング   Thema(ドイツ語) + song(英語)

問題2　和語と漢語の使い分け

(ア) （1）と（2）は意味がよく似ています。使われる場面や印象はどのように違うでしょうか。

(1) 家を建てるには，お金がかなりかかる。
(2) 住宅の建設には，多額の費用が必要である。

(イ) （3）～（5）には和語の「考える」が使われていますが，漢語で言い換えてみると違いがあります。まず，それぞれの「考える」が漢語で言い換えられるか，言い換えられるとしたらどう言い換えられるかを考えてください。ほかの和語の動詞についても漢語で言い換えてみて，和語と漢語の性質の違いを考えてください。

(3) 小さい字が見えない人のことも<u>考えて</u>説明書を作りましょう。
(4) 次の章では，生活習慣と健康状態の関係を<u>考える</u>。
(5) 一日中，好きな人のことを<u>考えて</u>います。

(ウ) 敬語として丁寧に言うとき，（6）のように「お」が付くことばと，（7）のように「ご」が付くことばがあります。このような「お」と「ご」はどのように使い分けられているか考えてください。

(6) お箸　　お水　　お気持ち
(7) ご自宅　御出席　御予定

●問題2（ア）を考えるときのヒント

（1）には（8）のような和語が，（2）には（9）のような漢語が入っています。（8）（9）は，それぞれ，どのような相手に対して，あるいはどのような場面や文脈で使われるでしょうか。

(8) 家　　建てる　　お金　　かなり　　かかる
(9) 住宅　建設　　　多額　　費用　　　必要

●問題2（イ）を考えるときのヒント

たとえば，「出る」という和語は，次の(10)〜(12)のようにさまざまな漢語に言い換えることができます。

(10) 電車は6時に｛出ます／出発します｝。

(11) 明日の会議には必ず｛出ます／出席します｝。

(12) この映画には大好きな俳優が｛出ている／出演している｝。

(3)〜(5)の「考える」はどのような漢語で言い換えることができるでしょうか。漢語では言い換えにくい場合もあるでしょう。

「考える」は，次の(13)のように「考案する」に言い換えられる場合もあります。

(13) こんな装置を｛考えた／考案した｝人はすごい。

ほかにも，和語の「入る」に対して，漢語では「入室，入学，入会，入場」のように表し分けられます。次の(14)のように「入〜」という漢語では言い換えにくい場合もあります。

(14) このアイスクリーム，ちょっと洋酒が入ってるよね。

ほかにも例をあげて，和語が漢語でどのように言い換えられるかを考えてください。そして，和語で表される意味と漢語で表される意味の性質の違いを考えてください。

●問題2（ウ）を考えるときのヒント

敬語として丁寧に言うときに「お」が付くか「ご」が付くかについては，大まかな原則があります。まず，基本的な法則を考えてください。その後，その基本的な法則とは違って「お」が付く「お電話」のようなことばをできるだけたくさん考えてください。

考える際，問題1の（ア）で見たように，漢字熟語であっても漢語とは限らないという点に注意が必要です。たとえば「手紙」は「て＋かみ」という訓読みの組み合わせなので，和語です。

問題3　外来語の使い方

(ア)　(1)のような外来語は，和語や漢語では言い換えることが難しいでしょう。なぜ言い換えが難しいのでしょうか。

　　(1)　アイスクリーム　　サッカー　　シャワー
　　　　　スカート　　ラジオ　　ピアノ　　カンガルー

(イ)　(2)(3)では，和語・漢語・外来語はどのように使い分けられるでしょうか。意味の違いだけでなく，印象やイメージの違いも考えてください。

　　(2)　宿（やど）　　旅館　　　ホテル
　　(3)　台所　　厨房（ちゅうぼう）　　キッチン

(ウ)　(4)(5)の外来語は，和語と比べて，指す対象の範囲にどのような特徴があるでしょうか。

　　(4)　シューズ　／　靴
　　(5)　キー　　　／　鍵

(エ)　(6)(7)の外来語は，和語と比べて，使う場面にどのような特徴があるでしょうか。

　　(6)　ドリンク　　　／　飲み物
　　(7)　ショッピング　／　買い物

(オ)　(8)(9)の外来語は，漢語と比べて，使い方や印象にどのような特徴があるでしょうか。

　　(8)　チャレンジ　／　挑戦
　　(9)　リベンジ　　／　雪辱

● 問題3(ア)を考えるときのヒント

　外国語からのことばの受け入れ方は，言語によって違います。中国語では，外国語から入ってきたことばもすべて漢字で表されます。「サッカー」が「足球」になるなど意味で訳されたものは，漢字から意味が推測できます。「ソファー」が「沙発」になるなど，音が漢字で表されるものもあり

ます。一方，日本語の外来語は，元のことばの音をカタカナで示します。

●問題3（イ）を考えるときのヒント

　和語と漢語，和語と外来語，漢語と外来語のように，2種類のことばが使い分けられる場合もあれば，和語・漢語・外来語の3種類のことばが使い分けられる場合もあります。

　（2）の「旅館」と「ホテル」は旅館業法にも違いが示されていますが，厳密な定義を知らなくても，多くの人が感じる違いがあるでしょう。「宿」も合わせて，いろいろな面から違いを考えてください。（3）についても，広さ，設置場所，イメージなど，いろいろな面から違いを考えてください。

　そして，和語と漢語と外来語の使い分けの傾向をまとめてください。

●問題3（ウ）を考えるときのヒント

　今，自分が履いているのは「シューズ」でしょうか，「靴」でしょうか。革製のビジネス用のもの，女性のハイヒール，競技用，などいろいろな種類のものを思い浮かべて考えてください。また，それらを全部まとめて言うときはどちらを使うかも考えてください。

●問題3（エ）を考えるときのヒント

　コンビニで買ったペットボトルの烏龍茶やコーヒーは「ドリンク」でしょうか，「飲み物」でしょうか。レストランのランチセットに付いてくるコーヒーなどはどうでしょうか。家族や友だちと話すとき，アルバイトで注文をとるときなど，いろいろな場面を思い浮かべて考えてください。場面の違いにともなって，印象の違いもあるかもしれません。

●問題3（オ）を考えるときのヒント

　（9）の「雪辱」は，次の（10）のように使われることばです。使われ方や印象は，「リベンジ」とどのように違うでしょうか。

　　（10）　前回は逆転負けしたので，この試合で雪辱を果たしたい。

問題4　外来語が受け入れられるときの形の変化

(ア) 外国語が外来語として受け入れられるとき，(1)～(3)のように元の音での区別がなくなることがあります。それはなぜか考えてください。

  (1) light（光）・right（野球の右翼手）　→　ライト
  (2) bus（バス）・bath（風呂）　　　　　→　バス
  (3) platform（駅のホーム）・home（サッカーチームなどの本拠地）　　　　　　　　　　→　ホーム

(イ) 外国語が外来語として受け入れられるとき，新たな音が付け加えられることがあります。(4)～(6)を外来語としてカタカナで書くとき，それぞれどのような音が付け加えられるかを下線部に注目して考えてください。このように新たな音が付け加えられる例をほかにもあげてください。

  (4) ca<u>p</u>　ba<u>g</u>　ra<u>ce</u>　o<u>ff</u>　ki<u>ck</u>
　　　ga<u>me</u>　f<u>r</u>y　<u>pl</u>astic　<u>gl</u>obal
  (5) hi<u>t</u>　chi<u>ld</u>　<u>tr</u>end　<u>dr</u>eam
  (6) <u>catch</u>　<u>coach</u>　<u>punch</u>　<u>rich</u>

(ウ) 外国語が外来語として受け入れられるとき，形が短くなることがあります。どれくらいの長さになることが多いでしょうか。(7)～(12)が外来語になると，どのような形になるかということから考えてください。また，外来語になるときに短くなることばをほかにも考えてください。

  (7) department store
  (8) handkerchief
  (9) convenience store
  (10) television
  (11) microphone
  (12) professional

レッスン4　和語・漢語・外来語

● 問題4（ア）を考えるときのヒント

（1）～（3）は，英語ではそれぞれ，次のように発音が違います。

(13)　light［l］・right［r］
(14)　bus［s］・bath［θ］
(15)　platform［f］・home［h］

外来語になったとき，これらの違いが失われるのはなぜでしょうか。

● 問題4（イ）を考えるときのヒント

日本語では，(16)のように，かなで表される一つひとつの音が基本的に母音で終わるので，「ん」を除いては，子音が続いたり，子音でことばが終わったりすることはありません。

(16)　か［ka］　　き［ki］　　く［ku］　　け［ke］　　こ［ko］

一方，英語は1つの母音の前後に複数の子音が付いて1つの音節（音として意識される最小のまとまり）を作ることができ，子音が連続することがあります。子音で終わることばもたくさんあります。（4）～（6）のことばの下線部は，それぞれ次のような子音で終わっています。

(17)　cap［p］　　bag［g］　　race［s］　　off［f］　……
(18)　hit［t］　　child［d］　……
(19)　catch［tʃ］　　coach［tʃ］　……

外来語では，それぞれどのような音が付け加えられるでしょうか。

● 問題4（ウ）を考えるときのヒント

たとえば"strike"は，母音［ai］の前に子音［s］［t］［r］が，後に子音［k］が付いた1音節のことばです。それが外来語として日本語に取り入れられると，一つひとつの音が母音で終わるようになるため長くなって，「ストライク／ストライキ」という5音節のことばになります。

外来語はそうして長くなってしまうのですが，一部を略して短くした形になることもあります。といっても，あまり短すぎても意味がわからなくなってしまいます。どれくらいの長さになることが多いでしょうか。

課題1

　新聞，雑誌，小説，子ども向けの本など，いろいろな文章について，和語・漢語・外来語がそれぞれどのような割合で使われているかを調べてください。その際，「わたし<u>は</u>」「本<u>が</u>」「暑い<u>よ</u>」のような助詞や，「晴れる<u>だろう</u>」「明日<u>だ</u>」のような助動詞は除外するか，別に集計したほうが，和語と漢語と外来語の違いがわかりやすくなります。

課題2

　明治時代や大正時代の小説など，古い時代の文章では，次の(1)のように，今なら外来語で表されることばが外来語になっていないことがあります。このような例を集めて分類し，どのようなことばが外来語になっていないのかを考察してください。

　　（1）　しばらくしてから，津田は小林に訊いた。
　　　　「なぜその背広といっしょに外套も拵えなかったんだ」

（夏目漱石『明暗』ちくま文庫，1988［青空文庫］）

　なお，著作権が消滅している古い時代の作品の多くは，次のウェブサイトで公開されており，自由に読むことができます。

　　青空文庫（http://www.aozora.gr.jp/index.html）

課題3

　問題3の(ア)で考えた「アイスクリーム」「サッカー」のように具体的な事物でなく，抽象的なことを表す場合でも，外来語が一般的に使われていて和語や漢語では表現しにくい場合があります。たとえば，「レベル」と「水準」では，「レベル」のほうが使いやすそうです。次の(2)の「レベル」を「水準」にすると，意味や印象が変わってしまうでしょう。

　　（2）　「うわ，レベルの高い試合だなあ。」

　このように外来語のほうが一般的に使われていることばを新聞や雑誌の中から探し，和語や漢語で表すのと意味や印象がどのように違うかを考えてください。

レッスン

5 会話の失敗

　(1)の例では,「今日は割り勘にしようか」と言った人の思いと,それを聞いた人の受け取り方が違い,会話がうまくいかなかったようです。

　　(1)　友だちと雑談をしているとき,もうすぐ私の誕生日だという話をした。そうすると,友だちが「誕生日会をしよう」と言ってくれ,食事に誘ってくれた。食べ終わって,「割り勘にしようか」と言ったら,「じゃあ,そうしようか」と言われて,割り勘にした。割り勘になるのだったら,食事に行かなかったのに。

　「割り勘にしようか」と言った人は,一応の礼儀として言っただけで,相手は「誕生日会だから」とか「自分が誘ったんだから」と言って,全額を支払ってくれると思っていたのでしょう。相手の人は,「割り勘にしようか」と提案されたので,単純にそれを受け入れたのでしょう。このような会話の行き違いはときどき起きます。

　このレッスンでは,どんなときにどうして会話が失敗するのかを分析していきましょう。

問題1　伝えようとしていない意味を相手が感じとってしまう失敗

(ア)　会話では，自分が伝えようとしていない意味を相手が感じとってしまうことがあります。ここでは，ことばの問題でプロポーズに失敗したという例を見てみましょう。雑誌の記事「巷のプロポーズウォッチング」(『MORE』1992年5月号，p.119，集英社) で取り上げられていたものです。

　「僕」がズルズルと陽子さんとつき合って4年めにプロポーズしたときの話です。彼女は結婚したがっていたようですが，「僕」は態度をはっきりさせていなかったということです。というのも，「僕」はインドへの転勤が決まっていて，知らない土地で彼女が暮らせるのか悩んでいたからです。

　でも，やっぱり別れられないと思って，車の中でプロポーズしたことばが(1)です。

　(1)　「インドに行くんだ。だから結婚しよう」

　これを聞いた陽子さんは，思いっきり「僕」をひっぱたいて，「だからって何よ。インドへ行かなかったら結婚しなかったってこと？　冗談じゃないわよ」と言って車を降りてしまったということです。

　陽子さんは結婚したがっていたはずなのに，なぜ「僕」のプロポーズに腹を立てて車を降りてしまったのでしょうか。

(イ)　(1)は，どのように言えば，「僕」が伝えようとしていない意味を陽子さんが感じとらないで，「僕」が伝えようと思った意味を彼女にうまく伝えられたでしょうか。

(ウ)　(1)と同じように自分が伝えようとしていない意味を相手が感じとった例をあげてください。自分の経験を思い出せないときは，そのような例を想像で考えてもかまいません。

レッスン5　会話の失敗

●問題１（ア）を考えるときのヒント

　「僕」は，「だから」をどのような意識で使ったのでしょうか。あまり深く考えないで「だから」を使ったのかもしれませんが，「僕」が「だから」と言ってしまった理由を考えてください。

　一方，陽子さんは，「だから」と言われ，その「だから」をどのような意味だと解釈したのでしょうか。

　この場合，「僕」と陽子さんのどちらが悪かったと思いますか。どちらが悪かったかを考えることから出発し，このような行き違いが起きたのはなぜかを考えてください。

●問題１（イ）を考えるときのヒント

　「僕」が伝えようとしていない意味を陽子さんが感じとってしまったのは，余計なことを言ったからでしょうか。それとも，ことばが足りなかったからでしょうか。

　「インドに行く」ことを言わずにプロポーズすることもできたでしょう。といっても，そのうち「インドに行く」ことを言わなければなりません。

　「インドに行く」ことも言いながら，うまくプロポーズするにはどのように言えばよいかを考えてください。

●問題１（ウ）を考えるときのヒント

　たとえば，友だちから「デザートバイキングに行こう」と誘われたけれど，甘いものをたくさん食べるのは好きではないので，（２）のように言ったとします。

　　　（２）「きょうは風邪気味だし，やめとく。」

　これに対して相手が（３）のように答えた場合は，自分が伝えようとしていない意味を相手が感じとってしまったことになります。

　　　（３）「風邪治ったら，行こう。」

　そうならないようにするためには（２）はどう言えばよかったかについても考えてください。

問題2　お客さんの心をつかめない接客の失敗

（ア）（1）〜（3）は、『ファッション販売』2016年7月号（商業界）に載っている「売れるスタッフが絶対言わないNGトークと改善OKトーク」例（p.27）の一部です。アパレルショップのスタッフが接客するときのことばとして、NGとされているものがなぜいけないのか、OKとされているものはなぜよいのかを考えてください。

　　（1）NG「いかがですか」
　　　　 OK「気になるところはございませんか」
　　（2）NG「何にでも合います」
　　　　 OK「赤いニットでも白いシャツでも合います」
　　（3）NG「私も持っています」「はやっています」
　　　　 OK「〇〇な方から人気です」

（イ）（1）〜（3）のNGトークとOKトークの違いはどこにあるのかを考えてください。

（ウ）お客さんの心をつかめず接客が下手で、お客さんにあまり商品を買ってもらえない「売れないスタッフ」と、お客さんの心をつかみ接客が上手な、お客さんに商品をたくさん買ってもらえる「売れるスタッフ」、それぞれの会話例を作ってください。お客さんがアパレルショップに入ってきてから出ていくまでの会話です。そして、「売れないスタッフ」の会話のどこが問題であり、「売れるスタッフ」のどこがよいのかを説明してください。

●問題2（ア）を考えるときのヒント

（1）は、お客さんが試着した後のことばです。（2）と（3）は、お客さんが買うかどうか迷っているときに使うことばです。

そのような状況でスタッフが言うことばとしてそれぞれがよいか悪いか

を考えるときは、お客さんの立場に立って考えるのがよいでしょう。

　たとえば、試着したあと、（1）のNGトーク「いかがですか」と言われると、自分だったらどう思い、どう答えそうですか。OKトークの「気になるところはございませんか」と言われると、どう答えそうですか。

　（3）のOKトークには「○○」があります。自分がお客さんだったら具体的にどう言ってほしいかも考えた上で、なぜOKトークのほうがよいのかを考えてください。

●問題2（イ）を考えるときのヒント

　（1）～（3）のNGトークに共通することはないでしょうか。また、それぞれのOKトークに共通することはないでしょうか。

　自分がお客さんだったら、そのスタッフのことばをどう思うか、それにどう答えるかを想像してみるとよいでしょう。

●問題2（ウ）を考えるときのヒント

　（1）～（3）が載っているこの雑誌には、「売れるスタッフがしている何げない20の振る舞い」として、たとえば（4）～（8）のようなことが書かれています。

　　（4）　「何かお探しですか」という言葉は使わない
　　（5）　良い点を前置きしてから商品をお見せしている
　　（6）　最初から「似合います」とは言わない
　　（7）　あえて似合わない商品を見せて決断を促している
　　（8）　価格ではなく着用回数を考えて薦める

　それぞれについてなぜこうするのがよいかを考えた上で、「売れないスタッフ」と「売れるスタッフ」それぞれの会話例を作ってください。

　そのとき、自分がお客さんとして接客を受けたときにうれしいと思ったことや嫌だったことを思い出すとよいでしょう。もし自分がお店でスタッフとして接客した経験があれば、そのときのことを思い出してください。

問題3　相手に悪い印象を与えてしまう失敗

（ア）　会話では，言う内容や言い方が悪くて相手に悪い印象を与えてしまうことがあります。（1）はインターネットに投稿された「恋愛相談」の内容で，「私」と彼氏の会話がうまくいかなかった場面です。まず，「私」の状況は次のとおりです。

- 「私」は介護福祉士として働いている。
- 「私」は彼氏と3年半同棲していて，結婚も考えている。
- 彼氏は土日以外はほぼ毎日残業で，帰ってくるのが遅い。料理，皿洗い，洗濯などの家事はほとんど「私」が担当している。
- 彼氏は掃除や猫の世話などは積極的にやってくれる。

（1）　先日，彼氏が「私」と同じ時間に帰宅し，珍しく帰ってすぐお米を研いでくれた。そのとき彼が「手が冷たいよ～」と言ってきたので，軽い気持ちで「私も毎日やってるよ～」と言った。すると，「せっかくやってるのに，恩着せがましい。そんなこと言われたら，俺にメリットないじゃん。」と不満を言ってきた。それから彼は不機嫌になり，一気に空気が悪くなってしまった。
（「言い方がきつい彼　私は今3年半年同棲し，結婚…」という質問の一部の要約，2015年12月24日投稿，http://detail.chiebukuro.yahoo.co.jp/qa/question_detail/q14153935309）

（1）の出来事のあと，「私」は彼氏といっしょに生活する楽しさがだんだんなくなってきてしまいそうだと感じ，結婚して幸せになれるのかも不安になっているそうです。（1）の状況で，彼氏が不機嫌になり，「私」が不安になったのはなぜでしょうか。

(イ) このとき，彼氏は「私」にどう言ったらよかったでしょうか。また，「私」は彼氏にどう言ったら，その場の空気が悪くならなかったでしょうか。

(ウ) 言う内容や言い方が悪くて相手に悪い印象を与えてしまった例をあげてください。自分の経験を思い出せないときは，そのような例を想像で考えてもかまいません。

●問題3(ア)を考えるときのヒント

彼氏がお米を研ぐとき手が冷たかったことも，私が米研ぎを毎日やっていることも事実であり，彼氏も私も事実と違うことを言っているわけではありません。それなのに，それを聞いた人が機嫌が悪くなったり不安になったりするのは，聞いた人は単なる事実だけではなく，それ以外のことも言われていると感じたからでしょう。それぞれ，どういうことを言われていると感じたのだと思いますか。

●問題3(イ)を考えるときのヒント

「私」は彼氏に「手が冷たいよ〜」ではなく，どういうことを，あるいはどういうふうに言ってほしかったのかを考えてみてください。また，彼氏は「私」に「私も毎日やってるよ〜」ではなく，どういうことを，あるいはどういうふうに言ってほしかったのかを考えてみてください。

●問題3(ウ)を考えるときのヒント

自分の言う内容や言い方が悪くて相手に悪い印象を与えてしまっても，自分では気づきにくいものです。相手の言う内容や言い方が悪くて相手に悪い印象をもったときのことのほうが思い出しやすいでしょう。そのような例を思い出してください。

問題4　会話がうまくいく方法

(ア)　会話では，どんなときに何をどう言うかによって，自分の思いが相手にうまく伝わったり，相手によい印象を与えたりすることがあります。(1)は，女性向け雑誌の記事「僕が，「まじヤベぇ」と思った瞬間50連発」(『non・no』2007年8月号，p.92，集英社)に，24歳の公務員による「男子コメント」として載っているものです。

> (1) 自分の頼んだ飲み物を覚えていてくれたり，「次は違うものにする？」とグラスが空いた時に，さりげなく聞いてくれるとうれしい。

記事には，このコメントへのアドバイスとして，「これ好きだったよね？」ということばも効果的だとあります。

「次は違うものにする？」「これ好きだったよね？」と言うと相手がうれしくなるのは，なぜでしょうか。

(イ)　どんなときに何をどう言うかによって，自分の思いが相手にうまく伝わったり，相手によい印象を与えたりした例をあげてください。自分が相手の言い方によい印象をもった例でもかまいません。自分の経験を思い出せないときは，そのような例を想像で考えてください。

(ウ)　自分の思いが相手にうまく伝わったり，相手によい印象を与えたりするためにはどのようなことを考えて話せばよいのかについて，(ア)の例や(イ)で出てきた例をもとに大事なポイントをまとめてください。

●問題4(ア)を考えるときのヒント

「次は違うものにする？」や「これ好きだったよね？」と言うと，なぜ相手がうれしくなるのかをいろいろな観点から考えてみましょう。

たとえば，これらを言うタイミングです。それぞれどんなタイミングで

言うと，相手がうれしくなりそうですか。

　何を言うかも大事です。たとえば，「次は違うものにする？」と「次は何にする？」では，どちらのほうが相手がうれしくなりそうですか。それはなぜでしょうか。

●問題4（イ）を考えるときのヒント

　「あのとき，あの人にこう言われて，うれしかった」というような例を思い出してください。自分が言ったり言われたりした例でなくても，テレビで見た例や誰かから聞いた例でもかまいません。

　（2）は，初対面の相手が緊張したり警戒したりしないように，会話を始める最初の話題を工夫して，自分の思いどおりにしていくという例です。「ハガポン　30日で即カレを作る方法」という雑誌記事（『CanCam』2007年1月号，p.472，小学館）のためのアンケートで，富山県の24歳の「おはなさん」から寄せられた回答です。

> （2）　いいなぁ，と思う人がいたら，いきなりデートに誘うと緊張するし警戒もされるから，「合コンでもしません？」って気軽な雰囲気で誘って幹事同士にまずはなる♥　きっかけとして合コンは◎。

　このような例なども含め，自分の思いが相手にうまく伝わったり，相手によい印象を与えたりする例を考えてください。

●問題4（ウ）を考えるときのヒント

　できるだけたくさんの例を分析して，それぞれの例に共通する点を大事なポイントとしてまとめてください。

　表面的には違うように見える事例でも，共通点としてまとめられることがあります。たとえば，（1）の「これ好きだったよね？」は，その人がこれまでいつも何を飲んでいたかを覚えていないと言えません。そういう意味では，（1）の「自分の頼んだ飲み物を覚えていてくれたり」と共通しています。

課題 1

　インターネットで検索すると，他人に言われたことばで嫌な思いをしたとか傷ついたという事例や，他人の言い方に対して配慮が足りないなどと言って非難している事例がたくさん見つかるでしょう。「相談」として投稿されたものであれば，ほかの人からの回答がついているので，一般の人がそれに対してどう考えているかもわかります。

　そのような事例を分析し，どのような場合になぜそのような問題が起きるのかをまとめてください。狭い意味でのことばの問題だけでなく，いつ誰に何を言うか，どんな行動を取るかを含めて考えてかまいません。

課題 2

　他人との会話がうまくできるようになる方法を書いた一般向けの本がたくさん出版されています。そのような本を 2 冊以上読んで，それらの本に書かれていることの共通点と相違点をまとめてください。

　できれば，そこに書かれていることに対して自分がどう思うかについても述べてください。

課題 3

　メールや LINE など，文字を使って人とやりとりするときも，会話と同じように，伝えたいことが相手に伝わらなかったり，伝えようとしていない意味を相手が感じとってしまったり，相手に悪い印象を与えてしまったりすることがあります。それとは逆に，自分の思いが相手にうまく伝わったり，相手によい印象を与えたりすることもあります。

　どちらかの例か，両方の例をなるべくたくさんあげて，なぜそうなったのかを分析してください。自分が誰かに送るために書いたときの経験でも，誰かが自分に送ってきたものを読んだときの経験でもかまいません。

レッスン

6 音声と文字

　ひらがなやカタカナは，基本的に音声と文字が対応しています。たとえば「マ」という音は，「まち」「しま」「きまり」など，どのようなことばの中にあっても，ひらがなでは同じように「ま」と書かれます。
　しかし，音声と文字が対応していないこともあります。(1)のように話されたことばは，(2)のように書かれます。「ワ」という音声が「は」という文字で書かれたり，「オ」を伸ばした「オー」という音声に「おう」という文字が使われたりします。
　(1)　ナマエワ　モー　スコシ　テーネーニ　カキマショー
　(2)　名前は　もう　少し　ていねいに　書きましょう。
　次の(3)(4)のような場合は，どう書くか迷うかもしれません。
　(3)　フェア｛プレイ／プレー｝で戦おう。
　(4)　バレンタインデーとクリスマス・イヴにはデートしたい。
　このレッスンでは，音声と文字について分析していきましょう。

問題1　1つの音が2種類の文字で表される場合

(ア)　(1)の下線部では同じ音が2種類の文字で表されています。「わ」と「は」,「お」と「を」はどのように使い分けられているでしょうか。このほかにも, 同じように使い分けられる文字はないでしょうか。

　　(1)　<u>わ</u>たし<u>は</u>最近<u>お</u>茶<u>を</u>習っています。

(イ)　「わ」と「は」のどちらを使うか迷うときはありませんか。(2)のような書き方をわざと使うこともあるかもしれません。ほかにも「わ」と「は」のどちらを使うかが問題となりそうな例をあげ, なぜ迷うのかも考えてください。

　　(2)　こんにち<u>わ</u>！

(ウ)　(3)〜(5), (6)〜(8)の下線部はそれぞれ同じ音ですが, 2種類の文字で表されています。「じ」と「ぢ」,「ず」と「づ」はどのように使い分けられているでしょうか。

　　(3)　おみく<u>じ</u>　　ま<u>じ</u>め　　ほう<u>じ</u>茶
　　(4)　ち<u>ぢ</u>む
　　(5)　み<u>ぢ</u>か（身近）　　ま<u>ぢ</u>か（間近）　　こ<u>ぢ</u>んまり
　　(6)　す<u>ず</u>め　　みみ<u>ず</u>　　ま<u>ず</u>い
　　(7)　つ<u>づ</u>く　　つ<u>づ</u>る
　　(8)　みか<u>づ</u>き（三日月）　　気<u>づ</u>く　　かた<u>づ</u>ける

(エ)　「じ」と「ぢ」,「ず」と「づ」のどちらを使うか迷うときはないでしょうか。たとえば(9)はどちらを使うのが基本でしょうか。ほかにも「じ」と「ぢ」,「ず」と「づ」で迷いそうなことばをあげ, どのようなことばのときに迷うのかを考えてください。

　　(9)　うなずく　／　うなづく

レッスン6　音声と文字

● 問題1（ア）を考えるときのヒント

　「わ」と同じ音なのに「は」で表されたり，「お」と同じ音なのに「を」で表されたりする場合は限られています。「わたしは」の「は」，「お茶を」の「を」の品詞は何かを考えてください。

● 問題1（イ）を考えるときのヒント

　「こんにちは」は，「今日は（ご機嫌いかがですか）」のようなあいさつの最初の部分だけが残ったものです。「わたしは」が「わたしわ」と書かれることは普通はありませんが，「こんにちわ」と書く人はいそうです。なぜなのかを考えてみてください。

　もし，「こんにちわ」と書く相手や場合が限られているとしたら，どのようなときになぜ使うのかを考えてください。

● 問題1（ウ）を考えるときのヒント

　「じ」と「ぢ」，「ず」と「づ」は，どちらを使うのが基本でしょうか。片方が基本だとすると，もう片方は例外的な使い方ということになります。例外的なほうが使われるのはどのようなときか，例をできるだけたくさんあげて，整理してください。「底力」「小包」のように普通は漢字で書かれることばも考えると，例をたくさんあげることができるでしょう。

● 問題1（エ）を考えるときのヒント

　「じ」と「ぢ」，「ず」と「づ」の使い分けの決まりにはあいまいなところがあります。(10)〜(12)のようなことばは普通は漢字で書かれますが，ひらがなで書こうとすると，迷ってしまいそうです。

　　　(10)　世界中　　せかいじゅう　　／　　せかいぢゅう
　　　(11)　稲妻　　　いなずま　　　　／　　いなづま
　　　(12)　訪れる　　おとずれる　　　／　　おとづれる

ほかにも例をあげて，どのようなことばのときになぜ迷うのかを考えてください。

問題2　長音の書き方

(ア)　日本語で音を伸ばすとき，カタカナでは「スープ」のように長音記号を使いますが，ひらがなでは長音記号を使わないのが原則です。では，ひらがなでは長音はどのように書くでしょうか。(1)のカタカナを自然なひらがなに換えてみて，決まりを考えてください。

（1）　オバーサン　　オカーサン
（2）　オジーサン　　オニーサン
（3）　キューリ　　　フーフ

(イ)　オ段の音を伸ばすとき，ひらがなでは書き方が「う」と「お」の2種類あります。(4)～(9)はそれぞれ「う」と「お」のどちらが正しいとされているでしょうか。ほかの例もたくさんあげて考えてください。

（4）　おうかみ　／　おおかみ　　（狼）
（5）　おうじる　／　おおじる　　（応じる）
（6）　おとうさん　／　おとおさん　（お父さん）
（7）　おうい　　／　おおい　　　（多い）
（8）　とうり　　／　とおり　　　（通り）
（9）　もうかる　／　もおかる　　（儲かる）

(ウ)　エ段の音を伸ばすときの書き方も複雑です。(10)～(14)では，それぞれどちらの書き方が正しいとされているでしょうか。ほかの例もあげ，それぞれのことばをどう発音するかも考えて，書き方の決まりや傾向を考えてください。

（10）　ねいさん　／　ねえさん　　（姉さん）
（11）　えいが　　／　ええが　　　（映画）
（12）　とけい　　／　とけえ　　　（時計）
（13）　プレイ　　／　プレー
（14）　メイク　　／　メーク

●問題2（ア）を考えるときのヒント

　日本語では，音を伸ばすかどうかがことばの意味の違いに関わります。たとえば「地図」と「チーズ」は長音の有無によって意味が違います。
　カタカナの場合は，長音は基本的に長音記号「ー」で表されます。

　　(15)　ファースト
　　(16)　シート
　　(17)　グループ
　　(18)　ゲーム
　　(19)　ボール

外来語の長音の書き方には例外もあります。たとえば，「バレーボール」と区別して，踊りのほうは「バレエ」と書きます。「コンピュータ」のように，「コンピューター」と発音しても最後の長音を書かないこともあります。
　ひらがなでは，長音はかなで表されます。どのような音を伸ばしたときに，どのようなかなで表されるでしょうか。

●問題2（イ）を考えるときのヒント

　オ段の音を伸ばすとき，「う」と「お」のどちらが基本なのかを考えるために，例をたくさんあげてください。「高校」のように普通は漢字で書かれることばも考えると，例をたくさんあげることができるでしょう。
　例外的な書き方のほうは，歴史的仮名遣いの名残（なごり）です。

●問題2（ウ）を考えるときのヒント

　エ段の音を伸ばすときの書き方を考えるときには，発音も考える必要があります。「姉さん」「映画」「時計」はそれぞれ，きちんと言おうとするときとふだんの会話とで発音は同じでしょうか。発音が変わることばと変わらないことばがあるとしたら，それはなぜかも考えてください。
　(13)(14)のような外来語についても，どう発音するか，どう書くかを考えてください。発音も書き方も1つに決まるとは限りませんし，発音と書き方が一致しないこともあります。

問題3　外来語音の書き方

(ア) ひらがなとカタカナは、「あ」と「ア」のように基本的に対応しています。しかし、「ヴ」は(1)のようにカタカナのときだけに使われる文字です。「ヴ」を使うことばをほかにもあげて、どのようなときに使われるか考えてください。読むときは、どう発音するかも確認してください。

　　　(1) <u>ヴ</u>ァイオリン　　クリスマス・イ<u>ヴ</u>

(イ) 拗音は、小さい「ャ」「ュ」「ョ」を添えて表される音です。外来語を書くために拗音の行でエ段の音を表したいときは、どのように書かれるでしょうか。その音が使われることばもあげてください。

　　　(2)　シャ　　シュ　　(　　)　　ショ
　　　(3)　ジャ　　ジュ　　(　　)　　ジョ
　　　(4)　チャ　　チュ　　(　　)　　チョ

(ウ) 外来語を書くときは、(5)〜(8)のような書き方もあります。それぞれどのような音を表しているかを考えてください。「ファ」と「ハ」の音はどう違うか、「フィ」と「ヒ」の音はどう違うかというように考えるとよいでしょう。

　　　(5)　<u>ファ</u>イト
　　　(6)　<u>フィ</u>ーリング
　　　(7)　カ<u>フェ</u>
　　　(8)　<u>フォ</u>ーク

(エ) (1)〜(8)以外に、基本的にカタカナのときだけ現れ、普通、ひらがなでは現れない書き方をあげ、それが使われることばもあげてください。

● 問題3(ア)を考えるときのヒント

　外来語を文字にするときは、日本語で普通に使っているカタカナの書き

方だけでは足りず，違う文字や書き方を使うことがあります。

「バ・ビ・ブ・ベ・ボ」を含む外来語には「ヴァ・ヴィ・ヴ・ヴェ・ヴォ」でも書くことがあることばと「バ・ビ・ブ・ベ・ボ」でしか書かないことばがあります。「ヴァ・ヴィ・ヴ・ヴェ・ヴォ」は，どのようなことばに使われるでしょうか。

（9）のように「ヴァ・ヴィ・ヴ・ヴェ・ヴォ」と「バ・ビ・ブ・ベ・ボ」の両方の書き方がある場合，印象に違いはないでしょうか。

（9）　ヴォーカル　／　ボーカル

●問題3（イ）を考えるときのヒント

拗音は，イ段の文字に小さい「ャ」「ュ」「ョ」を添えて表されます。たとえば，「シ」を言おうとしてイ段ではなくア段の音にすると，「シャ」になります。では，「シ」を言おうとしてエ段の音にした音はどう表されるでしょうか。「ジ」「チ」についても同じように声に出して考えてください。

●問題3（ウ）を考えるときのヒント

「ファ」「フィ」「フェ」「フォ」も，五十音や拗音には含まれていない書き方です。それぞれ「ハ」「ヒ」「ヘ」「ホ」とはどう違うか，声に出して確認してください。口の動きをよく確認すると，「フゥ」という書き方がない理由もわかるでしょう。

●問題3（エ）を考えるときのヒント

外来語を表すときの書き方で，文字自体が五十音に含まれていないのは「ウ」に濁点を付けた「ヴ」だけです。一方，「ファ」は五十音表にあるカタカナ「フ」に小さい「ァ」を添えて表された音です。このようなものは，（イ）（ウ）で考えたもの以外にもあります。考えてみてください。

ほとんどがカタカナに小さい「ァ・ィ・ゥ・ェ・ォ」を添えて表されるので，いろいろなカタカナに「ァ・ィ・ゥ・ェ・ォ」が付くかどうかを考えてみるといいでしょう。

問題4　助数詞と音の変化

(ア) 日本語でものを数えるとき，数字の後に「回」や「冊」のような助数詞（じょすうし）が付きます。そのとき助数詞によって数字の読み方が変化することがあります。（1）～（5）の数え方を口に出し，ひらがなにして，それぞれどの数字のときに数字の読み方がどう変わるかを調べてください。助数詞の読み方については(イ)で考えるので，まずは数字の読み方に注目してください。

　　(1)　1枚，2枚，3枚，4枚，………，10枚
　　(2)　1回，2回，3回，4回，………，10回
　　(3)　1冊，2冊，3冊，4冊，………，10冊
　　(4)　1通，2通，3通，4通，………，10通
　　(5)　1本，2本，3本，4本，………，10本

そして，（1）～（5）のそれぞれと同じように数字の読み方が変わるほかの助数詞もあげてください。

(イ) (6)(7)では，数字の読み方だけでなく，助数詞の読み方も変わります。それぞれどの数字のときに助数詞の読み方がどう変わるかを調べてください。助数詞の読み方が変わるほかの例もあげてください。

　　(6)　1泊，2泊，3泊，4泊，………，10泊
　　(7)　1匹，2匹，3匹，4匹，………，10匹

(ウ) （1）～（7）以外の助数詞についても考えた上で，助数詞が付くときの数字と助数詞の音の変化を整理した表を作ってください。同じように変化するものは同じ欄にまとめると，見やすい表になるでしょう。

● **問題4（ア）を考えるときのヒント**

まず，（8）のように数字だけを読むときの読み方を確認してください。

(8) いち, に, さん, ………, じゅう

そして,(1)〜(5)での数字の読み方がこれとどう違うかを確認してください。地域差や個人差があることもあります。

「10」については,たとえば 10 個は「じっこ」と読むのが正しいとされてきましたが,現在では「じゅっこ」と発音されるのが普通です。改定常用漢字表（2010 年）でも「じゅっ」と読むことが認められています。

●問題 4（イ）を考えるときのヒント

助数詞の読み方にも,地域差や個人差があります。たとえば「3 階」は「さんがい」と読む人もいれば,「さんかい」と読む人もいます。

●問題 4（ウ）を考えるときのヒント

複雑になりすぎないよう,表 1 のような数字の変化の表と,表 2 のような助数詞の変化の表を別にするといいでしょう。

表 1　数字の読み方の変化

	1	2	3	4	5	6	7	8	9	10
枚……	いち	に								
回……	い っ	に								
…… ……										

表 2　助数詞の読み方の変化

	1	2	3	4	5	6	7	8	9	10
泊……	ぱ く									
…… ……										

課題1

　スマホやパソコンで入力するとき，一部の若者は，「あいうえお」などを小さくした「今日ゎ用事ぁるからムリ」のような書き方をすることがあります。「でわでわ」「でゎでゎ」のような書き方も見られます。
　このように，スマホやパソコンでの入力のときに使われる，一般的な決まりから外れた文字の使い方を集めて整理してください。なお，「了解」を「りょ」と書くのは省略しているだけであり，文字の使い方は一般的です。文字の使い方が一般的な決まりから外れているものだけを集めてください。

課題2

　歴史で年号を覚えるときに，「なくよ（794）ウグイス平安京」のような語呂合わせで覚えることがあります。「828」（「やずや」）のように企業が覚えやすい電話番号を宣伝に使うこともあります。「よろしく（4649）」のようによく知られている語呂合わせもあります。
　このような語呂合わせを集めて，どの数字がどう読まれるかを整理してください。

課題3

　漢字の訓読みは，「木」の「き」，「必ず」の「かなら」のようにさまざまで，読み方に特に決まったパターンはありません。一方，音読みの読み方には，いくつかの決まったパターンがあります。たくさんの漢字から「オン」「トク」「ブ」「キュウ」「イチ」のような音読みの読み方を集めて，「2拍でンで終わるタイプ」「2拍でカ行で終わるタイプ」など，いくつかのパターンにまとめてください。（「拍」というのは基本的にひらがなやカタカナ1文字ですが，「キュ」「リョ」なども1拍と数えます。）
　さらに，たとえば「カ行で終わるタイプ」と言っても，実際にはどの音で終わるタイプがあり，どの音で終わるタイプがないかといったことも細かく考えて，整理してください。

レッスン 7 ことば遊び

作家の名前には、おもしろいつけ方をしたものがあります。
　（1）　二葉亭四迷（ふたばていしめい）←「くたばってしまえ」
　（2）　西尾維新（NISIOISIN）
（1）の二葉亭四迷の名前は、言わば、シャレのようになっています。
（2）の「NISIOISIN」は、前から読んでも後ろから読んでも同じです。
　また、（3）のように、ことばを楽しむ詩もあります。動物名のイルカと、「いる」（存在する）かどうかを聞く「いるか？」が混じった詩です。
　（3）

> 　　　いるか
> 　　　　　　　谷川俊太郎
> 　いるかいるか
> 　いないかいるか
> 　いないいないいるか
> 　いつならいるか
> 　よるならいるか
> またきてみるか
> 　いるかいないか
> 　いないかいるか
> 　いるいるいるか
> 　いっぱいいるか
> 　ねているいるか
> 　ゆめみているか
> （『ことばあそびうた』
> 福音館書店、一九七三）

　このレッスンでは、日本語のことば遊びがどのような仕組みになっているのかを分析していきましょう。

問題1　シャレ

（ア）（1）の川柳はシャレになっています。下線部はどのように似ているでしょうか。

　　（1）　わが家では　<u>子供ポケモン</u>　<u>パパノケモン</u>

　　　　　（万年若様，第11回（1998年発表）第一生命サラリーマン川柳コンクール第1位）

（イ）（2）は，エステーの防虫剤「ムシューダ」のCM（ダジャレCM篇，2009年）です。5つのフレーズはどのように似ているでしょうか。語呂やテンポがよく感じられるのはなぜかも考えてください。

　　（2）　ヒロシはツカサに夢中だ
　　　　　アキラは世田谷五中だ
　　　　　キヨシのまかないシチューだ
　　　　　ダジャレのCM，フツーだ
　　　　　ニオイのつかないムシューダ

（ウ）ほかの例もあげて，どのようなときに2つ以上のことばが似ていると感じられやすいのか，どのようなシャレがおもしろいと感じられやすいのかを考えてください。できれば，オリジナルのシャレも考えてください。

問題1（ア）を考えるときのヒント

　日本語は音節（音として意識される最小のまとまり）の種類が少ないので，同じ音や似た音を使ったシャレやダジャレを楽しみやすい言語です。同じ音のことばを使ったシャレには次のようなものがあります。

　　（3）　「<u>離さない</u>！」　10年経つと　<u>話さない</u>

　　　　　（倦怠夫婦，<u>第23回</u>（2010年発表）第一生命サラリーマン川柳コンクール第4位）

（4）のように，ことばをつなげて同じ音を作る場合もあります。

（4）　バインダーないなー。

そうだ，頼めバインダー！

(大塚商会「たのメール」CM，ガックリ／夕暮れ編，2002年)

長さが同じで一部が少し違うことばを使ったシャレもあります。（5）には「セ」で始まる3文字の外来語が2つあります。「レ」「ル」はどちらもラ行です。「ブ」「フ」は同じ文字に濁点が付いているかどうかの違いです。

（5）　昼食は　妻がセレブで　俺セルフ

(一夢庵，第19回（2006年発表）第一生命サラリーマン川柳コンクール第1位)

● 問題1（イ）を考えるときのヒント

（2）は似ていない部分もあるのですが，フレーズが似ているような印象を与えます。メロディやリズムにのっていると，よけいそう感じられます。

（6）はハライチというコンビの漫才で，最初はどんなペットが飼いたいかを話しているのに，次第に関係のないフレーズになっていく例です。全く違うフレーズなのに似て感じられるのは，なぜでしょうか。

（6）　おとなしいペット　　よくなつくペット　　……(略)……
　　　食べられるペット　　ふしだらなペット　　おんぼろなヨット
　　　すかすかのニット　　横顔のアップ　　　　安すぎるチップ
　　　驚きのタッグ　　　　控えめなフック　　　奪われた物資
　　　ボンゴレのロッソ　　見られてるずっと　　カモシカにベッド

(『M-1グランプリ the BEST 2007-2009』（DVD），よしもとアール・アンド・シー，2010，ハライチの漫才よりフレーズを抜粋)

（2）（6）には，印象に残る特徴的な音が含まれています。

● 問題1（ウ）を考えるときのヒント

同じ音ではなく似た音によるシャレの例をほかにもあげた上で，どのようなときに似ていると感じられやすいのか，ことばがどのように並ぶとシャレとしておもしろいのかを考えてください。

問題2　早口ことば

(ア) 早口ことばは，わざと言いにくいように作られたことばです。(1)が言いにくいのはなぜでしょうか。どこで言い間違えるかを観察して，どのような音がどのように入っていると言いにくいかを考えてください。

  (1)　新春シャンソンショー

(イ) (ア)で考えたことをもとにして，新しい早口ことばを作ってください。

(ウ) (2)が言いにくいのはなぜでしょうか。どこで言い間違えるかを観察して，どのような音がどのように入っていると言いにくいかを考えてください。

  (2)　この竹垣に竹立てかけたのは竹立てかけたかったから竹立てかけたのだ

(エ) (ウ)で考えたことをもとにして，新しい早口ことばを作ってください。

● 問題2（ア）を考えるときのヒント

次の(3)を早く言おうとすると，どこで言い間違えやすいでしょうか。

 (3)　東京特許許可局

「許可」のところでつまずき，(5)のようになるのではないでしょうか。

 (4)　トーキョートッキョキョカキョク

 (5)　トーキョートッキョキョ<u>キャ</u>キョク

(5)は「カ」というカ行の音が，「キャ」というカ行の拗音になっています。言いにくい(4)は，(6)のように「キョ」というカ行の拗音と「カ」「ク」というカ行の音が交互に出てきています。

 (6)　トーキョートッキョ <u>キョ</u> <u>カ</u> <u>キョ</u> <u>ク</u>

つまり，カ行の拗音とカ行の音が交互に出てくると言いにくくなるということがわかります。(1)も同じように考えてみてください。

レッスン7　ことば遊び

●問題2（イ）を考えるときのヒント

　カ行の音の中でも「キ」の音は少し違います。「キ」とカ行の拗音が連続している（7）は，それほど言いにくくはないでしょう。

　　（7）　気球危機救急記録（キキューキキキューキューキロク）

　そのようなことも確かめながら，言いにくい早口ことばを作ってください。

●問題2（ウ）を考えるときのヒント

　次の（8）を早く言おうとすると，どこで言い間違えやすいでしょうか。

　　（8）　生麦　生米　生卵

　繰り返して言うと「麦」や「米」のところでつまずいて，（9）や（10）のような発音になるのではないでしょうか。

　　（9）　ナマム<u>ミ</u>　ナマゴメ　ナマタマゴ
　　（10）　ナマムギ　ナマ<u>モ</u>メ　ナマタマゴ

　（8）は，（11）のようにマ行の音がたくさんある中にガ行の音が出てきます。前のマ行の音につられてしまうと，（9）や（10）のようになります。混乱して「ナマグミ」などになってしまうこともあるでしょう。ナ行もマ行も，ことばの中に出てくるガ行も，鼻にかかる音で似ています。

　　（11）　ナ<u>マ</u>ム<u>ギ</u>　ナ<u>マ</u><u>ゴ</u><u>メ</u>　ナ<u>マ</u>タ<u>マ</u><u>ゴ</u>

　では，（2）はなぜ言いにくいのでしょうか。音は（12）のように並んでいます。カ行やガ行の音を言うときと「タ」「テ」の音を言うときに口の中のどのあたりがどう動いているかを確認して，考えてください。

　　（12）　コノタケガキニタケタテカケタノワ　タケタテカケタカッタカ
　　　　　ラタケタテカケタノダ

●問題2（エ）を考えるときのヒント

　「生麦生米生卵」に似たタイプでも，「この竹垣に竹立てかけたのは〜」に似たタイプでもかまいません。問題となる音をたくさん入れ，ほかの音をなるべく入れないようにして，早口ことばを作ってください。

問題3　ことばのなぞなぞ

(ア)　(1)と(2)のなぞなぞの答えは何でしょうか。これらは、どのような仕組みでなぞなぞになっているでしょうか。なかなか答えられないときは、なぜ難しく感じるのでしょうか。

　　(1)　一本道に草ぼうぼう、なあに？
　　(2)　5人兄弟で3番めがいちばん大きいもの、なあに？

(イ)　(3)と(4)のなぞなぞの答えは何でしょうか。これらは、どのような仕組みでなぞなぞになっているでしょうか。なかなか答えられないときは、なぜ難しく感じるのでしょうか。

　　(3)　オバケの話や怖い話をする場所は？
　　(4)　信号が青のとき青虫が通って行った。黄色のとき紋黄蝶が飛んで行った。では、赤信号のとき渡って行ったムシは？

(ウ)　(5)のなぞなぞの答えは何でしょうか。どのような仕組みでなぞなぞになっているでしょうか。なかなか答えられないとしたら、なぜ難しく感じるのでしょうか。

　　(5)　大きくなればなるほど小さくなるもの、なあに？

(エ)　(ア)～(ウ)で考えたことを参考にして、ことばのなぞなぞを考えてください。知っているなぞなぞでも、新しく考えたものでもかまいません。どのような仕組みでなぞなぞになっているかも考えてください。

●問題3(ア)を考えるときのヒント

(1)は、毎日、洗面台で使うものです。(2)は、身体の一部分です。

日常会話や小説などでは、伝えたいことを効果的に伝えるために、比喩を使うことがあります。次の(6)は、(7)のように比喩を使って表現したほうが、大変な状況であることがわかりやすく効果的に表現できます。

　　(6)　こんな暑い日にずっと外で仕事だなんて、とても大変だ。

(7) こんな暑い日にずっと外で仕事だなんて、地獄だ。

(1)(2)のなぞなぞにも比喩が使われています。(7)のような普通の比喩はわかりやすいのに、(1)(2)のなぞなぞだと少し考えないとわからないのはなぜでしょうか。次の(8)(9)も参考にして考えてください。(9)では、物を人にたとえる擬人法が使われています。

(8) 下でブランコ、上でかけっこ、なあに？　　　[答え]柱時計
　　　[振り子の動き][文字盤の針の動き]

(9) 口から紙を食べて、おなかから出すもの、なあに？
　　　　　　　　　　　　　　　　　　　　　　　　[答え]ポスト

● 問題3(イ)を考えるときのヒント

(3)のなぞなぞの答えは、「オバケの話や怖い話」のことを何と言うかに気がつけば、わかるでしょう。(4)のなぞなぞの答えは、「赤信号のときに渡る」行為を何と言うかを考えれば、わかるでしょう。

日本語には、音が同じで意味が違うことば（同音異義語）や、複数の意味をもつことば（多義語）がたくさんあります。日常会話では、たまに(10)や(11)のように誤解が生じることがあります。

(10) 「ちょっと、公園に行ってきた。」
　　　「えっ、誰の講演を聴きに行ったの？」

(11) 「このマンション、高いよね。」[高層という意味で]
　　　「えっ、いくらするか知ってるの？」

(3)(4)のなぞなぞにも、同音異義語が使われています。

次の(12)は、「ソファ」の普通に考えられる意味とは違う、音階の「ソ」と「ファ」の意味をむりやりもたせることで作られたなぞなぞです。

(12) ソファの下には何がある？　　　　　　　　[答え]ミレド

次の(13)の「○○は○○でも、………の○○は？」は定型的な問い方で、ことばの一部をむりやり取り出して問いが作られているなぞなぞです。

(13) イスはイスでも、空を飛べるイスは？　　　[答え]うぐいす

このようななぞなぞがなかなか答えられない場合があるのはなぜかを、

答えを考えるときの気持ちを振り返って考えてください。

●問題3(ウ)を考えるときのヒント

（5）では、「大きくなる」の主語などが、次のように省略されています。答えは何でしょうか。子どもの成長に合わせて買い替える必要があるものです。

（5）　大きくなればなるほど　小さくなるもの、なあに？
　　　〔子どもが〕　　　　〔その子どもにとって〕

日本語の日常会話でも、文の一部が省略されることはよくあります。(14)のように言うより(15)のように言うほうが普通でしょう。

（14）　あなたは今日、家からここまで電車で来たの？

（15）　今日、電車？

（5）や次の(16)は文の一部が省略されることによってなぞなぞになっています。(15)のような普通の省略はわかりやすいのに、（5）や(16)がわかりにくいのはなぜでしょうか。

（16）　使えば使うほど増えるもの、なあに？　　　　　［答え］借金
　　　〔お金を〕

●問題3(エ)を考えるときのヒント

（ア）（イ）（ウ）で考えたことを参考にしてなぞなぞを考え、その仕組みを説明してください。知っているなぞなぞでも、新しく考えたものでもかまいません。（ア）（イ）（ウ）で考えた仕組みに当てはまらないなぞなぞでもかまいません。

次の(17)のように単純なことばのなぞなぞもあります。

（17）　逆立ちすると泥棒になる動物、なあに？　　　　［答え］リス

問題4　回文

(ア) 前から読んでも後ろから読んでも同じになる文を回文と言います。「ダンスがすんだ」「竹やぶ焼けた」「わたし負けましたわ」のように、どちらから読んでも意味が通るように作られます。回文では、次の(1)のように、清音と濁音の違いは無視してよいとされることが多いようです。

　　(1)　タフなブタ　　　　　　　　　　　　　　　（ながたみかこ『めざせ！　回文の達人』大泉書店，2007, p.123）

次の(2)～(4)の回文も、それぞれ何かの違いが無視されています。どのような違いが無視されているでしょうか。

　　(2)　手伝うよ　何度も　どんな用だって　　　（p.90）
　　(3)　鯛を煮て使うよう　勝手に置いた　　　　（p.91）
　　(4)　食欲のない娘，恋なの，くよくよし　　　（p.103）

　　（和田誠（編）・土屋耕一（著）『回文の愉しみ』東京糸井重里事務所，2013）

(1)～(4)を参考にして、清音と濁音のように、回文で違いを無視することが認められることがある文字をあげてください。

(イ) 次の(5)～(7)では、回文を作るために、文の一部が省略されています。どのようなことばが省略されているでしょうか。

　　(5)　この子，どこの子？
　　(6)　委員会で「いかん」言い　　　（p.56）
　　(7)　「理解できん！」短気で怒り　　　（p.83）

　　　（ながたみかこ『めざせ！　回文の達人』大泉書店，2007）

(ウ) (1)～(7)を参考にして、オリジナルのできるだけ長い回文を作ってください。

問題4（ア）を考えるときのヒント

英語の回文は，(8)(9)のようにアルファベットが単位となります。

(8)　No lemon, no melon.

(9)　Madam, I'm Adam.

日本語の回文は，かなを単位とするのが普通です。次のように漢字で回文になるものもありますが，かなを単位にした回文のほうが高度な遊びと言えるでしょう。

(10)　名曲の曲名（p.43）

(11)　水道水　　（p.45）

（ながたみかこ『めざせ！　回文の達人』大泉書店，2007）

回文では作りやすくするために認められる例外的なルールがあります。(1)の「フ」と「ブ」は音が違いますが，その違いは無視されています。

江戸時代ごろまでは，濁音であっても濁点を付けていませんでした。その名残もあり，回文では清音と濁音の区別は無視してよいとされることが多いようです。

ただし，回文のルールは人によって違います。土屋耕一は清音と濁音を区別する比較的厳しい方針で回文を作っています。それでも，(2)～(4)のように無視されている違いもあります。

(2)～(4)をカタカナで書いて句読点などを除いたのが，次の(12)～(14)です。どの文字とどの文字の違いが無視されているでしょうか。

(12)　テツドウヨナンドモドンナヨウダッテ

(13)　タイヲニテツカウヨウカッテニオイタ

(14)　ショクヨクノナイココイナノクヨクヨシ

文字だけが違うのか，音も違うのかにも注意して考えてください。

問題4（イ）を考えるときのヒント

「竹やぶ焼けた」を「竹やぶが焼けた」にすると回文にならなくなってしまうので，(15)のように「が」が省かれています。

(15)　タケヤブ〜ガ〜ヤケタ

（5）〜（7）は，回文にすることを気にしなければ，どのような文になるかを考え，何が省略されているのかを考えてください。（6）（7）は実際の本では状況が絵で示されており，意味がわかりやすくなっています。

● 問題４（ウ）を考えるときのヒント

回文を作ろうとしたときに思いつくのは，そのことば自体を前から読んでも後ろから読んでも同じになる(16)のようなことばかもしれません。

　　（16）　トマト　　新聞紙（しんぶんし）　　スイス　　南（みなみ）

しかし，このようなことばで回文を作ろうとすると，(17)のように前と後に対照的に文字を付け加えなければならず，かなり大変です。

　　（17）　〇△□◎トマト◎□△〇

それより，「ダンス」と「すんだ」のように後ろから読むと別の意味になることばを見つけたほうがいいでしょう。それをそのままつなげたり，ことばに応じて間に「が」「の」「は」を入れたりすると，(18)のような短い回文になります。

　　（18）　ダンス　が　すんだ

「わたし」を後ろから読むと「したわ」になり，そのままつないでも，一応，「わたししたわ」という回文になります。間にことばを付け加えると，次の(19)〜(21)のように，わかりやすくて少し長い回文ができます。

　　（19）　わたし負けましたわ
　　（20）　わたし待ちましたわ
　　（21）　わたしお祝いをしたわ

ただし，ほとんどのことばは後ろから読むだけでは意味をなしません。たとえば「世の中（よのなか）」を逆にすると「かなのよ」となり，意味のあることばにはなりませんが，1文字加えるだけで(22)の回文になります。

　　（22）　よのなか　ば　かなのよ

試行錯誤しながら，できるだけ長い回文を作ってください。土屋耕一の回文集のタイトルは，『軽い機敏な仔猫何匹いるか』（誠文堂新光社，1980）です。「軽いイルカ」「軽い仔猫いるか？」の上級編とも言えそうです。

課題1

ラップの歌詞の韻（ライム）もシャレと似ていることがあります。たとえば(1)では，母音をローマ字で書くと，「– u – u – e ○」となることばが3つ続き，そのあとの「運命」もそれに近い形になっています。

（1）　儚く光る流星

　　　いま動き出す終電

　　　偶然がいつもまた運命　　　（Rap 詞：櫻井翔，歌：嵐「空高く」）

（3）は(2)を替え歌にしたものですが，（1）と共通性があります。

（2）　緑の中を走り抜けてく　真っ赤なポルシェ

　　　　　（作詞：阿木燿子，歌：山口百恵「プレイバック Part 2」）

（3）　緑の中を走り抜けてく　バッタがおるで

　　　　　（作詞・歌：嘉門達夫「替え歌メドレー」）

このような例を集め，シャレとの共通点と相違点を考察してください。

課題2

早口ことばはわざと言いにくいように作られたものですが，日常生活では次のようにうっかり言い間違えてしまうことがあります。

（4）　ドライブスルーで緊張してしまい，「レーコンベタスバーガー」と叫んでしまった。　　　　　　　　　　　　（ほぼ日刊イトイ新聞（編）『銀の言いまつがい』東京糸井重里事務所，2007, p.41）

（4）のような本などから言い間違いの例を集めて，どのようなことばのときになぜ言い間違えやすいのかを考察してください。詳しく調べたいときは，寺尾康『言い間違いはどうして起こる？』（岩波書店，2002）を参考にしてください。

課題3

詩人の谷川俊太郎には，このレッスンの最初に紹介した「いるか」のほかにも，ことば遊びの詩やことば遊びに通じる詩がたくさんあります。詩集を読んで，どのようなことば遊びが含まれているか考察してください。

レッスン

話しことばと書きことば

　(1)の話しことばと(2)の書きことばは，表現しようとしている内容はほぼ同じですが，ことばの選び方や文の整え方などに，多くの違いがあります。

　　(1)　あのねえ，あさってぐらいから，すっごく暑くなるみたいで，夏日，じゃなくて，真夏日？，になるみたいで，熱中症とかにも気をつけなきゃヤバいって，テレビで言ってたよ。

　　(2)　明後日以降，気温は上昇し，各地で30度を超える真夏日になることが予測されている。気象庁は，熱中症に注意するよう呼びかけている。

　このレッスンでは，このような話しことばと書きことばの違いを分析していきましょう。

問題1　話しことばでの音の変化

(ア) (1)は話しことばを文字に書き起こしたものです。下線部は，書きことばとどのように違うでしょうか。

(1) 03H：<u>なんか</u>，<u>ちっちゃい</u>時に，わたし乗物がぜんぜんだめだった<u>ん</u>ですよ，飛行機とかもぜんぜんだめで。
03A：<u>酔っちゃう</u>の↑
03H：うん，あの，電車とか<u>乗っちゃって</u>もだめだった<u>ん</u>ですね，<u>ほんと</u>に，もう。
(現代日本語研究会（編）『男性のことば・職場編』[自然談話データ CD-ROM] ひつじ書房，2002)

(イ) 話しことばに現れる形の中には，印象を左右するものもあります。(2)(3)のような話しことばは，どのような印象を与えるでしょうか。

(2) すげえ。
(3) (ん)なわきゃない。

(ウ) (1)～(3)のように，話しことばで書きことばとは違う形に変わる例をあげて，どのように変わるか考えてください。

(エ) 話しことばでは，(4)(5)のように音が加えられることもあります。どのようなことばに，どのような音が加えられるか，どうニュアンスが変わるか，考えてください。

(4) す<u>っ</u>ごく，おもしろい。
(5) す<u>ん</u>ごく，おもしろい。

🍙 問題1(ア)を考えるときのヒント

(1)の下線部を書きことばらしい書きことばにすると，どのような形になるでしょうか。「なんか」のように，表現自体が書きことばには出てきにくいものもありますが，まずは形を書きことば風に変えてみてください。

レッスン8 話しことばと書きことば

● 問題1（イ）を考えるときのヒント

話しことばでは，言いやすいように，元の形から音が脱落したり，複数の音が融合した形（縮約形）が使われることがよくあります。

（2）（3）の元の形は，それぞれどのようなものでしょうか。元の形と比べ，（2）（3）はどのような印象を与えるかを，どのような相手とのどんな会話で使われるかを想像しながら考えてください。

● 問題1（ウ）を考えるときのヒント

話しことばで形が変わるときの変わり方には，「脱落型」や「撥音変化型」や「融合型」があります。

（6）は，元の形から音が脱落した「脱落型」です。話しことばでは，「ている」より，「い」が脱落した「てる」のほうが自然でしょう。

（6） ティッシュ，持ってる？ ← 持っている

（7）は，元の形から音が「ん」（撥音）に変化した「撥音変化型」です。

（7） ぜんぜん，わかんないなあ。 ←わからない

（8）は，元の形の複数の音が融合して違う音になった「融合型」です。

（8） 気をつけないと，ころんじゃうよ。 ←ころんでしまう

話しことばで形が変わるものをたくさんあげ，それぞれの変わり方が「脱落型」「撥音変化型」「融合型」のどれなのかを考えてください。

● 問題1（エ）を考えるときのヒント

（4）（5）のように言うのと（9）のように言うのとでは，どう違うでしょうか。どのようなときに（4）（5）のような言い方をするでしょうか。

（9） すごく，おもしろい。

（10）（11）はどうでしょうか。

（10） おもしろーい。

（11） えー，ひどーい。

ほかにも例をあげて，どのようなことばにどのような音が加えられるか，そして，どうニュアンスが変わるかを考えてください。

問題2　話しことばに現れる文

(ア) （1）の話しことばには，書きことばにはあまり出てこないような繰り返しが見られます。どこでしょうか。そのような部分は，なぜ，話しことばには出てきて，書きことばには出てこないのでしょうか。

（1）　08A：ちょっと現物持ってーくればよかったんですけれども，私製領収証，今までちょっと大型のサイズの分を，え，だいたい1万円サイズ，財布に入るサイズに，変更いたしまして，えーあ，ちょうどあの今までのサイズを1万円サイズにしたとゆう感じの領収証に変更いたしました。
（現代日本語研究会（編）『男性のことば・職場編』［自然談話データCD-ROM］ひつじ書房，2002）

(イ) （2）と（3）の話しことばには，書きことばにはあまり出てこないような前後のつながりの悪さが見られます。どこでしょうか。そのような部分は，なぜ，話しことばには出てきて，書きことばには出てこないのでしょうか。

（2）　09H：あのー，バルブなんかはかなりこー，前にたくさん，あるんでー，さわっちゃいけないんだったら，さわるなとか，そうゆう表示があったほうが，なんか，＜笑い＞さわる人はいないと思うんですけどー，えー，よいのではないかなと思いました。
（現代日本語研究会（編）『男性のことば・職場編』［自然談話データCD-ROM］ひつじ書房，2002）

（3）　06A：えーと，まーあのー，一任はするんですがー，結果は教えて，あの，主任のほうには，＜笑い　複数＞教えていただきたいと，ゆうふうに思います。
（現代日本語研究会（編）『男性のことば・職場編』［自

レッスン8 話しことばと書きことば

　　　　　　　　然談話データ CD-ROM］ひつじ書房，2002)

（ウ）（4）の話しことばには，書きことばにはあまり出てこないような語順がみられます。どこでしょうか。書きことばらしい書きことばでは，どのような形になるでしょうか。

　　（4）　18A：でもーなんかあのー，お酒を飲む人は甘いものを食べないみたいなね↑，まぁ男女（おとこおんな）は別としても，わりに辛党の人は甘いものを食べないとか，まぁ，両刀使いってゆう言い方もわざわざするぐらいだから，そういう風に，日本で思ってるけど，あの，関係ないんでしょうね↑，ヨーロッパの人，アマ，アメリカ。＜言いさし＞
　　　　　（現代日本語研究会（編）『男性のことば・職場編』［自然談話データ CD-ROM］ひつじ書房，2002)

●問題2（ア）を考えるときのヒント

（1）は，同じことを繰り返し言っているという印象を受けるでしょう。どことどこが繰り返しになっていますか。なぜ繰り返しているのかも考えてください。

また，このような繰り返しが書きことばではあまり出てこないのはなぜかも考えてください。

●問題2（イ）を考えるときのヒント

（2）は，「バルブにさわるな」といった表示を貼ることを提案している発言です。（2）には，前後とのつながりが悪い部分があります。どこでしょうか。文の形を少し整えた（5）で考えると，わかりやすいかもしれません。

　　（5）　バルブはかなり前にたくさんあるので，さわってはいけないのなら，さわるなといった表示があったほうが，＜笑い＞さわる人はいないと思うのですが，よいのではないかと思いました。

つながりが悪い部分は，どの位置にあれば自然になるでしょうか。また，前後とのつながりが悪い位置にそれが現れたのはなぜでしょうか。
　このようにつながりの悪い部分が書きことばではあまり出てこないのはなぜかも考えてください。
　（3）にも，前後とのつながりが悪い部分があります。どこでしょうか。文の形を少し整えた（6）で考えると，わかりやすいかもしれません。

　　（6）　一任はするんですがー，結果は教えて，主任のほうには，教え
　　　　　ていただきたいと，ゆうふうに思います。

　話しことばで，（3）のような言い方になってしまうことがあるのはなぜでしょうか。書きことばでは，あまり出てこないのはなぜかも考えてください。

●問題2（ウ）を考えるときのヒント

　話しことばは，書きことばのようには整っていません。たとえば，（4）の中の（7）の部分の語順は，書きことばではあまり見られないものです。書きことばらしく語順などを整えるとどうなるでしょうか。

　　（7）　そういう風に，日本で思ってるけど，あの，関係ないんでしょ
　　　　　うね↑，ヨーロッパの人，アマ，アメリカ。

　また，（4）の初めの部分は，（8）を言う途中で，（8）の「お酒を飲む人は甘いものを食べない」と同じ内容を表す（9）が繰り返されているほか，（10）と（11）が割り込んでいるような形になっています。この部分を書きことばらしく整えるとすると，語順を変えたり，ことばを補ったり，ことばを省いたりする必要がありそうです。どのようにしたらよいでしょうか。

　　（8）　お酒を飲む人は甘いものを食べないみたいなね↑，そういう風
　　　　　に，日本で思ってるけど，
　　（9）　わりに辛党の人は甘いものを食べないとか，
　　（10）　まぁ男女（おとこおんな）は別としても，
　　（11）　まぁ，両刀使いってゆう言い方もわざわざするぐらいだから，

レッスン8　話しことばと書きことば

問題3　話しことばを読みやすい書きことばにする

（ア）　講演やインタビューを本にしたり新聞や雑誌の記事にしたりするとき，話したとおりに文字にすると読みにくいので，さまざまな加工をします。次の例は，将棋の大山康晴名人が「勝負と経営」と題して長野市で行った講演です。左側が講演をそのまま書いたもの，右側が読みやすくするために加工したものです。どこがどう変わっていますか。

話したままを忠実に文字にした「速記原稿」	読みやすくするために加工した「リライト原稿」
私も，長野のこの市には，もう何度か，おそらく十回は来ているんじゃないだろうかと思います。そういった中で常にお世話になるのは，信濃毎日新聞社，また信越放送さん。最近は東急デパートさんでも将棋祭りをやっていただいておりまして，今年度も八月十五日に来る予定になっております。	私，この長野市には，おそらく十回はきているのではないかと思います。そしていつも信濃毎日新聞社，信越放送のほうにお世話になっております。最近は東急デパートでも将棋まつりをやっていただいており，今年も八月十五日にくる予定になっています。
そのほか，この長野の地では犀北館で，今から約三十年ぐらい前のことになりますけども，升田さんと対局いたしまして，当時はストーブもない，暖房設備もない二月の寒いころでした	そのほかこの長野の地では犀北館で今から三十年ほど前に，升田さんと対局しました。二月の寒いころでしたが，当時暖房設備は火鉢だけで，それも三勝三敗というスコアで最後の一番

| けども，火ばちだけでの対局がありまして，それも三勝三敗というスコアで，最後の一番勝ったほうが王将が獲得できる，こんなような試合の時に，最終的に私のほうが，休憩時間に何だか勝ちがありそうなような予感がするし，はっきり勝ちがわからないし困ったもんだと思いながら休憩の一時間をうまく活用しまして，その間に二十数手先のうまい手順を読みきって勝つことができましたんで同じ一つの勝負を勝ちましても，そういったような思い出のある試合もありますし，またそうでなくって「ああ，勝ってしまったかな」といったような試合もありますけども，今から三十年ばかり前の犀北館の試合というのは，非常に思い出に残っている試合もございます。 | に勝ったほうが，王将が獲得できるという試合のときです。最終的に私のほうが何だか勝ちがありそうな予感がするが，はっきり勝ちがわからないし，困ったものだと思いながら，休憩の一時間をうまく活用して，その間に二十数手先の手順を読み切って勝つことができました。　一つの勝負を勝っても，そういったような思い出のある試合もあるし，ああ，勝ってしまったかといったような試合もありますが，三十年前の犀北館での対局は，今でも思い出に残っている試合です。 |

(藤村勝巳『話し言葉と書き言葉―テープ取材のテクニック―』pp.206-207，廣松書店，1983)

> (イ) (ア)で加工されたところは，それぞれなぜそうしたのだと思いますか。
> (ウ) (イ)で考えたことをもとにして，話しことばと書きことばはどのように違うのかを整理してください。

●問題3(ア)を考えるときのヒント

　話したままを忠実に文字にした「速記原稿」と，読みやすくするために加工した「リライト原稿」を比べると，最初の「私も，」が「私，」に変わっています。このように変わっているところをすべてあげてください。

●問題3(イ)を考えるときのヒント

　「速記原稿」で「私も，」だったところが，「リライト原稿」では「私，」になったのは，どうしてでしょうか。

　「私も，」だと，「ほかの誰かも（長野市によく来ている）」という意味が出てきます。でも，具体的に誰かを指しているわけではなく，「ほかにもそういう人がいるかもしれない」と思って「私も，」と言っただけだと考えられます。話しことばでは，あまり深く考えないで，このような「も」が使われることがあります。「リライト原稿」では，このようなあいまいな「も」をなくしたと考えてよいでしょう。

　ほかの部分についても，どうして変わったのかを考えてください。

●問題3(ウ)を考えるときのヒント

　話しことばは，考えるとほぼ同時に話すものなので，「私も，」の「も」のようなあまり意味がないことばが入ってくることがあります。それに対して，書きことばは，ゆっくり考えて書くことができるので，あまり意味のないことばは入ってきません。話しことばと書きことばには，このような違いがあります。

　ほかにもいろいろな違いがあるでしょう。それを整理してください。

問題4　小説の会話文

（ア）（1）は小説の会話文です。この会話には，話し手の性別が読者にわかる手がかりがあります。どの部分ですか。

（1）「いけない。もうこんな時間。あたし，行かなきゃ」
「仕事を抜けてきたのかい」
「この後，打ち合わせがあるの。久伸さん，ゆっくりしてていいわよ」
「いや，僕も出るよ」
　　　　　　　　　（東野圭吾『流星の絆』p.77, 講談社, 2008）

（イ）（2）～（4）は小説の会話文です。これらの会話には，話し手の年齢や出身地，互いの立場や親しさなどが読者にわかる手がかりがあります。どの部分で何がわかりますか。

（2）「今日さあ，安西君のところへ見舞いに行ったんだって？」
「ええ，行きました」
　　　　　（横山秀夫『クライマーズ・ハイ』p.118, 文藝春秋, 2003）

（3）「どないしたんですか。前の電車で行かはったんちゃうんですか？」
「あなたこそ——どうして一本遅い電車になってるの？　あ，まさかさっきのおばさんと一悶着とか……」　（有川浩『阪急電車』p.181, 幻冬舎, 2008）

（4）「いや，カラオケのほうだと思って一回りしてたら見つからなくて……」
「そっちにいるわけないじゃないっすか，ゲーセンって言ったじゃないっすか俺！　ゲーセンって言いましたよね！　あとちょっとでウチのジジイとチンピラが乱闘騒ぎに……！」
　　　　　　　（有川浩『三匹のおっさん』p.51, 講談社文庫, 2015）

レッスン8　話しことばと書きことば

(ウ)　(1)〜(4)の会話文は現実の話しことばに近いですか，かなり違っていますか。それぞれについて考えてください。

(エ)　小説の会話文では，話し手の性別や年齢，出身地，話し手同士の互いの立場や親しさなどが読者にわかるようにしていることがよくあります。それはなぜでしょうか。

●問題4(ア)を考えるときのヒント

　話しことばでは，話し手が男か女かがわかるような言い方が，書きことばに比べて多く見られます。たとえば，(5)や(6)のような言い方です。

　　(5)　基本的に男性が使う人称代名詞：「僕」「俺」など
　　(6)　基本的に女性が使う終助詞：「わよ」「わね」など

　(1)の会話では，話し手が男か女かはどこでわかりますか。(5)(6)以外のものはないでしょうか。

●問題4(イ)を考えるときのヒント

　話しことばでは，書きことばに比べ，話し手の年齢や出身地，話し手同士の関係などがわかることがよくあります。(2)〜(4)の会話から確実にわかることや，「そうだろう」と推測されることをあげてください。

●問題4(ウ)を考えるときのヒント

　小説の会話文の中には，話し手の性別や年齢，出身地，話し手同士の関係などを読者にわかるようにするために，現実にはあまり使われないことばが使われていることがあります。一つひとつの会話文について，現実の会話に近いかどうかを考えてください。

●問題4(エ)を考えるときのヒント

　小説の会話文で，話し手の性別や年齢，話し手同士の関係などを読者にわかるようにしておくと，どんなよい点がありますか。

課題1

　家族や友人との日常会話を録音し，その音声を忠実に書きとってください。10～15分程度のものでかまいません。

　そのあと，それを見て，書きことばにはあまり出てこない形のことばや表現，文を探し，それらを分類・整理してください。

課題2

　テレビのトーク番組を録音し，まず，話したままを忠実に文字にした「速記原稿」を作ってください。10～15分程度のものでかまいません。そのあと，そのトーク番組を本にして出版することになったとして，読みやすく加工した「リライト原稿」を書いてください。

　そして，「速記原稿」から「リライト原稿」にするために，どこをどう変えたかを整理し，なぜそうしたかをわかりやすく説明してください。

課題3

　話しことばと書きことばは，簡単に2つに分けられるものではありません。話しことばの中にも，書きことばに近いものから，話しことばらしい話しことばまで，さまざまな種類があります。書きことばの中にも，話しことばに近いものから，書きことばらしい書きことばまで，さまざまな種類があります。

　さまざまな種類の話しことばと書きことばを具体例をあげて示し，それぞれの特徴を説明してください。書きことばについては，印刷されたものだけでなく，SNSでのメッセージやブログなど，スマホやパソコンに表示されるものについても考えてください。

レッスン 9 あいまい文

　(1)の文は，酒を飲んでいたのは誰かという点で2つの意味が考えられます。

　　(1)　親方はそれからしばらく，<u>酒を飲みながら</u>コウが翌日の仕込みをしているのを見て，あれこれと文句をつけていた。(鷺沢萠「かもめ家ものがたり」『帰れぬ人びと』p.60, 文春文庫, 1992)

　酒を飲んでいたのはコウだという意味と，酒を飲んでいたのは親方だという意味です。

　このように複数の意味をもつ文を「あいまい文」とか「二義文」と呼ぶことがあります。日本語でも英語でも中国語でも，どの言語でも，人間の言語には必ず「あいまい文」があります。

　このレッスンでは，「あいまい文」はどんなときにどのようにしてできるのかを分析していきましょう。

問題1　聞いたときの「あいまい文」

(ア)　(1)を聞いたときのことを考えると，(1)には複数の意味に解釈される可能性がある語が1つ入っています。そのため，(1)は複数の意味に解釈される可能性がある「あいまい文」だと考えられます。どのような意味に解釈される可能性がありますか。

　　　(1)　ソレハ　カテーノ　ハナシダ。

(イ)　(2)と(3)も「あいまい文」です。それぞれ，後の( )の中に示した2つの意味があります。これらの文があいまいになっている原因は(1)とは違います。それぞれ何が原因で「あいまい文」になっているのでしょうか。

　　　(2)　ハナガ　タカイナー。（鼻が顔から突き出ている／誇らしく思う）
　　　(3)　オデンワ　アリマシタ。（電話があった／おでんがあった）

(ウ)　(1)〜(3)のように，聞いたときに2つの意味に解釈される可能性がある「あいまい文」を自分で考えて作ってください。

●問題1(ア)を考えるときのヒント

(1)には(4)のような語が入っています。聞いたときに複数の意味に解釈される可能性がある語はどれでしょうか。その語には，どんな意味がありますか。

　　　(4)　ソレ　ハ　カテー　ノ　ハナシ　ダ

●問題1(イ)を考えるときのヒント

(2)と(3)は，(1)とは違い，複数の意味に解釈される語が入っているわけではありません。それぞれについて，普通の書き方で文字に書いたときにもあいまいになるか，ならないかを考えてください。そのどちらであ

るかも，あいまいになっている原因を考えるときのヒントになるでしょう。

🌑 問題1（ウ）を考えるときのヒント

　聞いたときに2つの意味に解釈される可能性がある「あいまい文」には，問題1（ア）（イ）で考えたように，いろいろな種類があります。その中で「あいまい文」を作りやすいのは，聞いたときに2つの意味に解釈される可能性がある語が入っている（1）のタイプでしょう。

　そのような「あいまい文」を作るには，まず，聞いたときに2つの意味に解釈される可能性がある語を見つける必要があります。

　たとえば，「バレー」です。「バレー」という音声は，ダンスの意味に解釈される可能性と「バレーボール」の意味に解釈される可能性があります。このような語をできるだけたくさん考えてください。

　次に，「バレー」のように，聞いたときに2つの意味に解釈される可能性がある語を使って，（5）のような「あいまい文」を作ってください。

　（5）　キョーワ　バレーノ　レンシューガ　アル。

　（2）のタイプも作りやすいでしょう。（2）のタイプを作るときは，まず，「骨が折れる」のような慣用句を考えてください。

　（3）のタイプを作るときは，まず，「デンワ」のように助詞の「は」「を」と同じ音「ワ」「オ」で終わる語を考えるとよいでしょう。

　（6）の笑い話には，聞いたときに2つの意味に解釈される可能性がある「あいまい文」が入っています。これも参考にして，できるだけおもしろい「あいまい文」を作ってください。

　（6）　次官級

　　「ジカンキュウ協議がロンドンで開かれました」とテレビで言うのを聞いて，私たちパートの時間給にも国際基準があるんだとたく感心していました。　　　　　　　　　　　　宮城県　柏美紀
（「アハハの勘違い」『通販生活』2001冬の特大号，p.73，カタログハウス）

問題2　読んだときの「あいまい文」

(ア)　(1)は，読んだときに2つの意味に解釈される可能性がある「あいまい文」だと考えられます。どのような意味とどのような意味に解釈される可能性がありますか。

　　(1)　十分煮てから食べました。

(イ)　(2)と(3)は，(1)と違って，「あいまい文」にはなりにくいと考えられます。どうして「あいまい文」になりにくいのでしょうか。

　　(2)　十分煮ても，中まで火が通りません。
　　(3)　もう十分食べました。

(ウ)　(1)のように，読んだときに2つの意味に解釈される可能性がある「あいまい文」を自分で考えて作ってください。

●問題2(ア)を考えるときのヒント

(1)には(4)のような語が入っています。読んだときに2つの意味に解釈される可能性がいちばん高い語はどれでしょうか

　　(4)　十分　煮る　から　食べる　ます　た

●問題2(イ)を考えるときのヒント

(2)と(3)は，それぞれどのような意味になりますか。

(2)にも(3)にも，2つの意味に解釈される可能性がある語が入っていますが，それぞれの文では1つの意味に解釈されるでしょう。もしその語がもう1つの意味を表すとすると，(2)も(3)もそれぞれ全体がおかしな意味になってしまいます。それはどうしてでしょうか。

●問題2(ウ)を考えるときのヒント

読んだときに2つの意味に解釈される可能性がある「あいまい文」で作りやすいのは，読んだときに2つの意味に解釈される可能性がある語が

レッスン9 あいまい文

入っているタイプです。

　そのような「あいまい文」を作るには，まず，読んだときに2つの意味に解釈される可能性がある語を見つける必要があります。

　たとえば，「辛い」です。「辛い」という文字は，「からい」という意味に解釈される可能性と「つらい」という意味に解釈される可能性があります。このような語をできるだけたくさん考えてください。

　読んだときに2つの意味に解釈される可能性がある語というのは，（5）〜（7）のようなものです。これらは，読み方が違う別々の語の書き方が同じになっているものです。（5）のように両方が漢語のものは少なく，（6）のように両方が和語のものも多くはありません。（7）のように，一方が漢語で，もう一方が和語のものが見つけやすいでしょう。

（5）　日中（日本と中国／昼間），福大（福岡大学／福井大学など）

（6）　行った（いった／おこなった），下手（へた／したて，しもて）

（7）　二重（ニジュウ／ふたえ），色紙（シキシ／いろがみ），大事（ダイジ／おおごと），最中（サイチュウ／もなか），根元（コンゲン／ねもと），目下（モッカ／めした），高山（コウザン・たかやま［地名］），勝負（ショウブ／かちまけ），方（ホウ／かた）

「辛い」や「行った」「二重」のように読んだときに2つの意味に解釈される可能性がある語を見つけたら，それを使って，（8）のような「あいまい文」を作ってください。

（8）　この採点は辛いなあ。（この採点はつらいなあ／この採点はからいなあ）

（9）は，同じ書き方で，漢語としての読み方も和語としての読み方もある語が入っている「あいまい文」です。

（9）　十五日午前，人気のない広島市民球場に，遠征へ出かけているはずの広島の選手が姿を見せた。

　　　　　　　　　　　　　　　（『朝日新聞』1991.10.17，朝刊，p.24）

　これも参考にして，「あいまい文」を作ってください。できれば，同じ状況でどちらの意味でも無理なく使えそうな文にしてください。

問題3 係り方のあいまいさ

(ア) (1)は「あいまい文」だと考えられます。どのような意味とどのような意味に解釈される可能性がありますか。

　　(1) 今年85歳になる山田さんの奥さんが入院した。

(イ) (1)が2つの意味に解釈できるのは、語句の係り方に2つの可能性があるからだと考えられます。それぞれどのような係り方になっていると思いますか。

(ウ) (2)は(1)と違って、「あいまい文」にはならないと考えられます。どうして「あいまい文」にならないのでしょうか。

　　(2) 今年85歳になる山田さんのお孫さんが看護師になった。

(エ) (1)のように、係り方の違いで2つの意味に解釈される可能性がある「あいまい文」を自分で考えて作ってください。

● 問題3(ア)を考えるときのヒント

(1)が「あいまい文」になるのは、2つの意味に解釈される可能性がある語があるためではありません。

「今年」や「85歳になる」や「山田さんの」のような語句がどの語句に係るかという係り方を考えてみてください。

● 問題3(イ)を考えるときのヒント

係り方をわかりやすく示すには、図にしてみるのがいいでしょう。たとえば、(3)の文は(4)のようになります。

(3) きのう　高尾山に　登ったら，富士山が　見えた。

(4) きのう　高尾山に　登ったら，富士山が　見えた。

レッスン9　あいまい文

●問題3（ウ）を考えるときのヒント

　（1）と（2）の違いは，「奥さんが入院した」と「お孫さんが看護師になった」の違いだけです。（1）と（2）は同じような形をした文ですから，どの語句がどの語句に係るかという係り方が違うとは考えにくいでしょう。

　（2）が「あいまい文」にならないのは，（1）の2つの解釈のうち，一方の解釈と同じような解釈は成り立つけれど，もう一方の解釈と同じような解釈は成り立たないからでしょう。それはなぜかを考えてください。

●問題3（エ）を考えるときのヒント

　（5）は係り先が名詞になっている「あいまい文」です。このようなあいまい文を作るには，（5）の「田中さん」と「お姉さん」のように2つの名詞がある文を考えます。そして，どちらの名詞にも係る可能性がある「高校のときイギリスに留学していた」のような修飾語句を付けてください。

　（5）　高校のときイギリスに留学していた田中さんのお姉さんは，今，中国に留学している。

　一方，（6）は係り先が動詞になっている「あいまい文」です。このようなあいまい文を作るには，（6）の「行っていた」と「閉鎖された」のように2つの動詞がある文を考えます。そして，どちらの動詞にも係る可能性がある「中学生の頃」のような修飾語句を付けてください。

　（6）　中学生の頃よく行っていたスケートリンクが閉鎖された。

　（7）は，新聞の読者投稿欄「いわせてもらお」（『朝日新聞』1995.3.19, 日曜版，p.5）に宮崎県西臼杵郡の35歳の「私もまたイギリスに行きたくなった」さんが投稿した笑い話に出てくる「夫」の発言です。テレビにスイスの風景が映ると，「夫」が（7）のように言ったそうです。

　（7）　「ああ，またスイスに行きたくなったなあ」

　「夫」に「また？　いつ行ったの？」と聞くと，「結婚する前にも，すごく行きたいと思った時期があったんだよ」と答えたということです。

　この文は，係り方の違いで2つの意味に解釈される可能性がある「あいまい文」です。これも参考にして，「あいまい文」を作ってください。

問題4　省略されている語句のあいまいさ

(ア)　(1)は「あいまい文」だと考えられます。どのような意味に解釈される可能性がありますか。

　　(1)　舞ちゃんのことは小学生のときから知っています。

(イ)　(1)が複数の意味に解釈できるのは，省略されている語句に複数の可能性があるからだと考えられます。それぞれどのような語句が省略されていると思いますか。

(ウ)　(2)は，(1)と違って，「あいまい文」にはならないと考えられます。どうして「あいまい文」にならないのでしょうか。

　　(2)　舞ちゃんのことは生まれたばかりのときから知っています。

(エ)　(1)のように，省略されている語句の違いで複数の意味に解釈される可能性がある「あいまい文」を自分で考えて作ってください。

● 問題4(ア)を考えるときのヒント

「知っている」のは「私」ではなく，ほかの人である可能性もあるでしょう。そうしたことは，(3)のように主語が省略された文ではよく起きます。

　　(3)　明日，そちらに行くことになっています。

ここでは，「知っている」のは誰かという点についてではなく，「小学生だった」のは誰かという点について，(1)がどのような意味とどのような意味に解釈される可能性があるかを考えてください。

● 問題4(イ)を考えるときのヒント

(1)の文をあいまいにならないようにするためには，どのような語句を補えばよいかを考えてください。そうすれば，何が省略されているかがわかるでしょう。

レッスン9 あいまい文

●問題4(ウ)を考えるときのヒント

(1)と(2)の違いは,「小学生」と「生まれたばかり」の違いだけです。(1)と(2)は同じような形をした文ですから,省略の仕方に違いがあるとは考えにくいでしょう。

(1)は「あいまい文」で,(2)は「あいまい文」ではないという違いは,「小学生」と「生まれたばかり」の何の違いによるものかを考えてください。

●問題4(エ)を考えるときのヒント

(4)は,省略されている語句の違いで2つの意味に解釈される可能性がある「あいまい文」です。(4)は,誰がその絵を好きかということを表す語句が省略されています。(5)のように「友だちが好きな絵」という意味になる可能性と,(6)のように「私が好きな絵」という意味になる可能性があります。

(4) 友だちに好きな絵をあげた。
(5) 友だちが好きな絵を友だちにあげた。
(6) 私が好きな絵を友だちにあげた。

(7)の笑い話には,省略されている語句の違いで2つの意味に解釈される可能性がある「あいまい文」が入っています。

(7) 料理屋で接客の仕事をしている。ある日,男性客が私に「えらい可愛らしいなあ」と話しかけた。恥ずかしいやらうれしいやらで「そんなあ,照れますわぁ」と真っ赤になって返したら,男性客は「？」。可愛らしいのは,今私が出した,目の前にある小皿の漬けものの量だった。

(大津市・言われ慣れてないから,つい……・31歳)

(『朝日新聞』2009.10.17, be on Saturday, p.b10,「いわせてもらお」)

これらも参考にして,どのようなときに「あいまい文」ができるかを分析し,できるだけおもしろい「あいまい文」を作ってください。

課題1

　（1）と（2）は「あいまい文」だと考えられます。どの部分にどのような意味とどのような意味があるのかを述べてください。また，あいまいになっている原因は何かについても分析してください。そして，それぞれと同じようなタイプの「あいまい文」を作ってください。

　　（1）　相手は非公式に来日していたインドの国会議員らで，与野党の幹事長級がそろっていた。(『朝日新聞』2000.6.9，朝刊，p.34)
　　（2）　「猫は家内が好きでね。俺はあまり好きじゃない。しっぽを振らないからね。それに，軽井沢行きも，この雨でおじゃんだ」
　　　　　　　　　　　　　　　(宮本輝『避暑地の猫』p.12，講談社文庫，1988)

課題2

　「あいまい文」にならないようにする，つまり，1つの意味しかないようにするためにはどうすればいいかを，このレッスンで出てきたいろいろなタイプの「あいまい文」に対して1つ1つ具体的に考えてください。

　人間の言語では，実際には「あいまい文」にならないようにするための対策を意識的にとらなくても，特に問題が起きないことが多いようです。それはなぜかということも考えてください。

課題3

　山内博之『誰よりもキミが好き―日本語力を磨く二義文クイズ―』(アルク，2008)には，70の「あいまい文」が載っています。この本では「あいまい文」を「恋愛の二義文」「スポーツの二義文」というようにテーマ別に分けてあります。これを，テーマ別ではなく，あいまいになる原因によって分類してください。必ずしもこの本に載っている70すべての「あいまい文」を分類する必要はありません。わかりやすいものだけでもかまいません。

レッスン
10 カタカナ

　日本語はさまざまな言語の中で特に難しい言語ではありませんが，文字の使い方は複雑で，漢字，ひらがな，カタカナという3種類の文字体系が使われます。ときにはアルファベットも混じります。(1)は小説の一部ですが，漢字，ひらがな，カタカナ，アルファベットが混じっています。

　　(1)　　ドン，と，誰かの肩が当たって，リズムが崩れた。曲のテンポの波から外れた自分の体は，光太郎の歌声が作り出す空間そのものからポンと押し出されてしまったようだ。そのとたん，ライブハウスなんていう全く似合わない場所にいることを誰かに見つけられた気がして，急に恥ずかしくなる。
　　　　　orangeくらいの小さなハコだと，少し冷静になるからだろうか，ステージに立っている人たちが余計に遠く感じてしまう。
　　　　　　　　　　　　　　　(朝井リョウ『何者』p.7，新潮文庫，2015)

　このレッスンでは，カタカナはどのように使われているのかを分析していきましょう。

問題 1　日本語の文字の使い分けの基本

(ア)　日本語では，(1)のように漢字とひらがなとカタカナが使い分けられます。(2)のようにひらがなだけで書かれるのと比べて，読みやすさやわかりやすさはどう違うでしょうか。

(1)　最近食事をする店に入って，よく思うんだけど，バックグラウンドにジャズを流しているところが多いですね。　(村上春樹『サラダ好きのライオン　村上ラヂオ3』p.86，マガジンハウス，2012)

(2)　さいきんしょくじをするみせにはいって，よくおもうんだけど，ばっくぐらうんどにじゃずをながしているところがおおいですね。

(イ)　まず，(1)の文の中のどのような部分が漢字で書かれ，どのような部分がひらがなで書かれているかを考え，漢字とひらがなの役割分担を考えてください。

(ウ)　カタカナは外来語などを表すのに使われますが，(イ)で考えた，文の中での漢字とひらがなの使い分けでいうと，カタカナはどちらに近いでしょうか。

●問題1(ア)を考えるときのヒント

(1)と(2)ではどちらが読みやすいか，わかりやすいかを考え，その理由を考えてください。漢字をあまり使わない絵本などでは，(3)のようにことばとことばの間にスペースを空ける「分かち書き」が使われることがあります。

(3)　うさぎと　かめが　きょうそうを　しました

●問題1(イ)を考えるときのヒント

日本語で，どのような部分がどの文字で書かれるかには，品詞が関係しています。品詞というのは，文法的な性質によることばの分類です。たと

えば，(4)～(6)のような品詞があります。
　　(4)　名詞：「食事」「音楽」「店」「うどん」「ケーキ」「プレゼント」
　　(5)　動詞：「書く」「思う」「想像する」「ある」「キャッチする」
　　　　形容詞：「赤い」「寒い」「優しい」「すごい」「よい」
　　　　形容動詞：「静かだ」「有名だ」「にぎやかだ」「ソフトだ」
　　(6)　感動詞：「あら」「はい」
　　　　助詞：「の」「を」「ね」「のに」「さえ」
　　　　助動詞：「だろう」「らしい」

品詞によって，漢字だけで書かれることばがあるか，漢字とひらがなを組み合わせて書かれることばがあるかなどに違いがあります。漢字とひらがなを組み合わせて書かれることばの場合には，そのことば自体の意味は，主に漢字とひらがなのどちらで表されているでしょうか。

品詞によって漢字とひらがながどのように使われるかを考えながら，漢字とひらがなの役割分担を考えてください。

問題1（ウ）を考えるときのヒント

カタカナは，そもそも，漢文を読むときの記号として使われたのが始まりです。漢字の一部を使い，(7)(8)のように直線的で簡略な形をしています。

　　(7)　加　→　カ
　　(8)　世　→　セ

日本語は基本的には漢字とひらがなで書き表されるため，もともと記号であったカタカナは目立ちます。カタカナは主に外国の人名・地名や外来語を書くときに使われますが，それ以外にも使われます。

(4)～(6)に示した品詞を参考にして考えると，カタカナの使われ方は漢字とひらがなのどちらに近いでしょうか。

問題2　漢字を避けてカタカナで書くことのあることば

(ア) 「ひと」を書くときには，(1)のように漢字で書かれることとカタカナで書かれることがあります。カタカナで書かれるのは，どのようなときでしょうか。

　　(1)　人　／　ヒト

(イ) (2)〜(6)のようなことばは，漢字で書かれることもありますが，カタカナで書かれることも多いようです。それぞれ，どのようなことばでしょうか。なぜカタカナで書かれるのか考えてください。

　　(2)　タヌキ　　キリン　　ウマ　　ネコ
　　(3)　ブリ　　　イワシ　　アユ　　ヒラメ
　　(4)　タカ　　　ハト　　　ツル　　スズメ
　　(5)　ツツジ　　スミレ　　ユリ　　スイセン
　　(6)　リンゴ　　ナシ　　　ネギ　　ニンジン

(ウ) (7)のようなことばもカタカナで書かれることがあります。これらのことばの意味に共通点はなさそうです。また，(8)(9)に示すように，漢字で書いてもカタカナで書いても意味は同じです。では，これらのことばは，なぜカタカナで書かれるのでしょうか。同じ理由でカタカナで書かれることばには，どのようなものがあるでしょうか。

　　(7)　メガネ　　イス　　ハサミ　　ゴミ　　ヒゲ
　　(8)　眼鏡　／　メガネ
　　(9)　椅子　／　イス

●問題2(ア)を考えるときのヒント

「ひと」と書くとき，普通は(10)のように漢字の「人」が使われます。

　(10)　困っている人には親切にしよう。

では，カタカナで「ヒト」と書くのはどのようなときでしょうか。

問題2（イ）を考えるときのヒント

（2）～（6）を漢字で書くと，それぞれ（11）～（15）のようになります。

(11)　狸　　　麒麟　　　馬　　　猫
(12)　鰤　　　鰯　　　　鮎　　　平目
(13)　鷹　　　鳩　　　　鶴　　　雀
(14)　躑躅　　菫　　　　百合　　水仙
(15)　林檎　　梨　　　　葱　　　人参

これらのことばが漢字で書かれないことが多いのはなぜでしょうか。同じグループのことばでも，漢字で書かれやすいものと書かれにくいものがあるでしょう。ほかのことばもあげて，考えてください。

これらのことばをかなで書こうとするとき，ひらがなとカタカナのどちらを使うか，どちらも使う場合はどう違うかも考えてください。ひらがなとカタカナのどちらかで書かなければならないといった決まりがあるわけではありません。

問題2（ウ）を考えるときのヒント

（7）のことばを漢字で書くと，（16）のようになります。まず，これらのことばが漢字で書かれないことがあるのはなぜかを考えてください。

(16)　眼鏡　椅子　鋏　塵・芥　髭

このようなことばをかなで書こうとするとき，ひらがなとカタカナではどう違うでしょうか。（17）のようにそのことばだけを書くときと，（18）～（23）のように文の中で使うときを見比べて考えてください。

(17)　めがね／メガネ　　いす／イス
(18)　おしゃれな眼鏡がほしいと思っています。
(19)　おしゃれなめがねがほしいと思っています。
(20)　おしゃれなメガネがほしいと思っています。
(21)　椅子と椅子の間は少し空けて並べてください。
(22)　いすといすの間は少し空けて並べてください。
(23)　イスとイスの間は少し空けて並べてください。

問題3　特別にカタカナで表されることば

（ア）（1）の下線部のようなことばは，よくカタカナで書かれます。

(1) 次の瞬間，バタンとドアが音をたてて開き，個室から何者かが飛び出していった。（柚木麻子『ランチのアッコちゃん』p.105，双葉社，2013）

（2）〜（4）では，カタカナとひらがなのどちらが使われやすいでしょうか。どちらも使われるとしたら，印象はどう違うでしょうか。ほかの例もあげて考えてください。

(2) 子犬が｛キャンキャン／きゃんきゃん｝と鳴いた。

(3) 明日が楽しみで｛ソワソワ／そわそわ｝する。

(4) おふとんが｛フカフカ／ふかふか｝している。

（イ）（5）のような場合，カタカナで表されることがあります。なぜでしょうか。

(5) ［宇宙人やロボットなどのセリフ］
　　ワレワレハ　コノホシヲ　セイフクシタ。

（ウ）（6）（7）のようなときにもカタカナが使われます。なぜでしょうか。

(6) ［漢和辞典などでの漢字の読みの示し方］
　　花：［音読み］カ　／　［訓読み］はな

(7) ［書類での氏名や住所の読み］
　　太宰府市（ダザイフシ）

●問題3（ア）を考えるときのヒント

日本語は，擬音語や擬態語が豊富です。擬音語は，実際の音に似せてことばとして表現したものです。擬態語は，状態や感情を音で表したことばです。

擬音語にはカタカナとひらがなのどちらが使われやすいでしょうか。擬態語はどうでしょうか。（8）（9）のように，擬音語としても擬態語として

も使われることばで考えると，違いがわかりやすいかもしれません。

(8) ｛コツコツ／こつこつ｝とノックの音がした。

(9) 弟は私と違って｛コツコツ／こつこつ｝がんばる性格だ。

ただし，擬音語と擬態語は，それぞれカタカナとひらがなのどちらで書くと決まっているわけではありません。(10)のように同じことばがカタカナでもひらがなでも書かれることもあるでしょう。その場合は，印象がどう違うかを考えてください。

(10) 稲妻が｛ピカッ／ぴかっ｝と光った。

●問題3(イ)を考えるときのヒント

(11)も参考にして考えてください。

(11) 「売れてほしいからCDいっぱい買うけど，ブランド物は身につけないでほしいとか，いっぱいいっぱい忙しくなってほしいけどブログは毎日更新してほしいとか……皆よく応えてあげてるよ。そんな勝手な要求。新人類だよ完っ全に。私はね，両立しない欲望を叶えてしまうっていう点で，女性アイドルは，日常に現れた異物なんだと思ってる」

<u>イブツ</u>，という聞き慣れない単語は，頭の中でなかなか漢字変換されない。　（朝井リョウ『武道館』p.264，文藝春秋，2015）

(11)は「異物」の意味がすぐにはわからず「なかなか漢字変換されない」という場面ですが，ひらがなではなくカタカナが使われています。

●問題3(ウ)を考えるときのヒント

問題1の(ウ)で見たようにカタカナはもともと記号であり，日本語を書き表すときの基本的な文字ではありません。そのようなカタカナが(6)(7)で使われるのはなぜか，問題3の(ア)(イ)も参考にしながら考えてください。

問題４　カタカナによってニュアンスを付け加えることば

（ア）（１）（２）のようなことばは，カタカナで書かれることが多いようです。どのようなことばでしょうか。

（１）　サツ（警察）　　ハジキ（拳銃）

（２）　ヤバい　　マジ　　ガチ　　そうスか

（イ）（３）はファッション雑誌の記事の見出しですが，下線部がカタカナで書かれています。「受ける」ではなく「ウケる」，「もてる」ではなく「モテる」と書かれると，どのような意味であることがわかるでしょうか。

（３）　男女Ｗウケする「モテ服」「モテメイク」「モテマナー」全部，全部！

（『Ray』2015年7月号，pp.226-227，主婦の友社）

（ウ）（４）（５）もカタカナが使われるときの意味は限られています。カタカナが使われるときの意味は，それぞれ，どのような意味でしょうか。共通性はないでしょうか。

（４）　キレる　　／　　切れる

（５）　ツボ　　／　　壺

（エ）（６）〜（８）はファッション雑誌（『Ray』2015年7月号，主婦の友社）の記事の見出しです。下線部のカタカナを漢字やひらがなにすると印象が変わります。カタカナはどういう印象を与えるでしょうか。同じようにカタカナで書かれることで印象が変わることばの例もあげてください。

（６）　今年何を買うべき？がわかる♥4大カワイイ Item（p.94）

（７）　「横顔がキレイな女のコって見とれちゃう！」（p.194）

（８）　カンタン！塗るだけ！　but 可愛くなれるネイルワザ（pp.206-207）

104

レッスン10　カタカナ

●問題4（ア）を考えるときのヒント

　問題1でも見たように，カタカナは日本語の文字の中で特別であり，特別なことばを普通のことばと区別するときに使われます。

　（1）（2）は，それぞれどういう人たちが使うことばでしょうか。

●問題4（イ）を考えるときのヒント

　（9）もカタカナが使われることが多いでしょう。逆に(10)(11)ではカタカナはあまり使われないでしょう。

　　　（9）　失敗談を話したら，けっこうウケた。
　　　（10）　連絡を受けてすぐかけつけた。
　　　（11）　あの人はいつもにこやかで，好感がもてる。

●問題4（ウ）を考えるときのヒント

　普通は漢字やひらがなで表され，一部の意味だけがカタカナで表されることのあることばには，いろいろなものがあります。（5）の「ツボ」は，その意味を表すときは普通カタカナが使われます。(12)の意味の「はまる」は，(13)と違って，カタカナもひらがなも使われます。

　　　（12）　最近，ハーブティーに｛はまって／ハマって｝います。
　　　（13）　車が溝にはまっている。

　（イ）の（3）や（ウ）の（4）（5），上の(12)を見て，カタカナはどのような文章でどのような意味を表すときに使われやすいか，考えてください。

●問題4（エ）を考えるときのヒント

　(14)～(17)のようなことばもカタカナで書かれることがあります。どういう印象を与えるでしょうか。

　　　（14）　ヒミツ　　／　秘密
　　　（15）　ラク　　　／　楽
　　　（16）　オトナ　　／　大人
　　　（17）　オススメ　／　お薦め・おすすめ

課題1

　新聞，雑誌，小説，子ども向けの本など，いろいろな文章について，漢字・ひらがな・カタカナがそれぞれどのような割合で使われているかを調査し，比較してください。レッスン4の課題1の，和語・漢語・外来語の割合とは違う結果になるはずです。

課題2

　「りんご」「リンゴ」「林檎」のように，ひらがな，カタカナ，漢字のうち2種類あるいは3種類の書き方ができることばについて，インターネットなどで例を集め，それぞれがどのように使われているかを考察してください。

課題3

　ファッション雑誌のように外来語以外のカタカナが多く使われていそうな雑誌から，外来語以外のことばがカタカナで書かれている例をたくさん集めて分類し，どのようなことばがカタカナで書かれているのかを考察してください。

　カタカナが多く使われている雑誌といっても，カタカナで書かれているのが外来語ばかりでは，この課題の資料として適切ではありません。たとえばパソコン関係の雑誌だと，「メモリ」「ソフト」といったカタカナで書かれたことばがたくさん出てきますが，外来語です。音楽関係の雑誌にも，「バンド」「ロック」「ベース」といった外来語などでカタカナが多く使われますが，この課題の対象となるのは，そういったことばではなく，「ノリ」「カッコいい」のようなことばです。

レッスン

11 マンガのことば

（2）は（1）の小説が原作ですが，小説とは違う表現がされています。

（1）　「何を隠してる！」
　　　自分が詰問されたのだということは，腕を掴み上げられてから分かった。
　　　「いやっ……！」
　　　抗ったがブレザーの前は強引にはだけられた。隠していた本が床に落ちる。
　　　怪訝な顔をして本を拾い上げる隊員。他の隊員が見て声をかけた。
　　　「ああ，それも回収しとけ」
　　　（有川浩『図書館戦争』p.34，ＫＡＤＯＫＡＷＡ　アスキー・メディアワークス，2006）

（2）

このレッスンでは，マンガのことばについて分析していきましょう。

（弓きいろ［原作 有川浩］）『図書館戦争 LOVE＆WAR〈1〉』p.29，白泉社，2008）

問題1　マンガにみられる話しことばの表現

（ア）　次の（1）（2）のセリフの中で，ことばの形が実際の発音に近いと感じられるところはどこでしょうか。書きことばでは普通は使われないような書き方を見つけてください。

（1）

(藤巻忠俊『黒子のバスケ〈1〉』p.25, 集英社, 2009)

（2）

（大今良時『聲の形〈1〉』p.45，講談社，2013）

（イ）マンガのセリフで，通常の書き方よりも実際の発音に近いと感じられる形で表されそうなことばをあげてください。（1）（2）に出てきていないことばを考えたり，ほかのマンガから探したりしてください。

（ウ）（1）（2）や（イ）で見たほかのマンガでは，セリフを実際の発音に近いと感じさせるために，書き方にどのような工夫がされているでしょうか。どのような音がどのように表されているかを整理してください。

問題1（ア）を考えるときのヒント

　書きことばの中にも，新聞の報道記事のようにかたい書きことばと，軽いエッセイのようにくだけた書きことばがあります。

　マンガのセリフは，くだけた書きことばに近いですが，くだけた書きこ

とばでも使われないような書き方もあります。それぞれのセリフは普通の書きことばではどのように書かれるかを考えて，マンガのセリフの中で実際の話しことばに近いと感じられるところを見つけてください。

● 問題1（イ）を考えるときのヒント

マンガのセリフの中の，実際の発音に近いと感じられる形を探すとき，通常の書きことばと違うところに次の2つのタイプがあることに注意してください。

タイプ1は，実際の発音を忠実に文字にするもので，「やはり」と書かれずに「やっぱ」と書かれるような場合です。

話しことばで「ヤッパ」と発音されていても，整った書きことばとして文字にするときは，「やはり」と書かれます。しかし，マンガなどでは，そのように整えずに，実際の発音のまま文字で表現されることがあります。

タイプ2は，実際の発音に近いように感じられるよう，通常とは違う文字や記号の使い方をするもので，「どうして」が「どーして」と書かれるような場合です。

普通は「どうして」という書き方で「ドーシテ」と発音するのですが，マンガなどでは，ひらがなの書き方の標準的なルールに従わずに「どーして」と書かれることがあります。

● 問題1（ウ）を考えるときのヒント

問題1（イ）のヒントのタイプ2について，（1）（2）やそれ以外の例を見て，どのように工夫されているかを分類して考えてください。たとえば，（1）の「え゛」という文字で表されているのはどのような音でしょうか。

マンガによっても，表され方は違うでしょう。どのようなマンガのどのような場面のとき，どのような登場人物のとき，どのような表され方をするのかも考えてみてください。

問題2　人間のことばの表し方

（ア）（1）〜（3）のマンガでは，人間の声の大きさや質などを，文字の違いによってどのように表し分けているでしょうか。

（イ）マンガには，声に出すことば以外に，心の中で思ったことばやナレーションなどもあります。それらはどのようにして表し分けられているでしょうか。（1）〜（3）には出てきていないものを考えたり，ほかのマンガから探したりしてください。（擬音語については問題3で考えます。）

（1）

© 新川直司／講談社

（新川直司『四月は君の嘘〈1〉』p.23，講談社，2011）

(2)

(柘植文『野田ともうします。〈2〉』p.34, 講談社, 2010)

（3）

(大高忍『マギ〈1〉』p.7，小学館，2009)

(ウ) （4）は，待ち合わせ場所に早めに来た登場人物が，ほかの人を待っている場面です。「几帳面」という吹き出しで表されていることは，ほかの吹き出しとどう違うでしょうか。

（4）

(新川直司『四月は君の嘘〈1〉』p.44，講談社，2011)

●問題2(ア)を考えるときのヒント

　マンガのことばは，小説の会話文などより，話しことばに近いと感じられるように書かれています。とはいえ，文字を使った表現と音声を使った話しことばは違うものですから，できるだけ話しことばに近いと感じさせるために，さまざまな工夫がされています。

　たとえば，音声であれば，大きな声で話されることばもあれば小さな声で話されることばもあります。小説の会話文などでは，その違いを表し分けることは普通ありませんが，マンガでは文字の大きさなどで表し分けられることがあります。

　声の大きさのほかに，人が音声として発することばにはどのようなバリエーションがあるかを考え，それが文字の大きさや書体などによってどのように書き分けられているかを考えてください。

●問題2(イ)を考えるときのヒント

　登場人物が心の中で思ったことばやナレーションの表現の仕方は作品によってかなり違うので，スポーツ，恋愛，料理，歴史，事件，ファンタジー，バトル，ホラーなど，さまざまなジャンルのマンガを見てみるとよいでしょう。

　文字の大きさや書体などのほか，吹き出しの形や，文字が吹き出しの中にあるか外にあるかにも注意して，どのように表し分けられているかを考えてください。

　問題1の(1)のマンガも観察の対象にするとよいでしょう。

●問題2(ウ)を考えるときのヒント

　マンガは，主に登場人物のセリフや心の中で思ったことばで話が進んでいきますが，ナレーションや作者のコメントが入ることがあります。それらがどのくらい入るか，どのように入るかは作品によってかなり違います。ほかのマンガがあればそれも参考にして，(4)のような作者のコメントの現れ方を観察してください。

問題3　擬音語・擬態語による表現

（ア）　マンガでは人間の声以外のいろいろな音が，擬音語で表されます。（1）（2）では，音の大きさや質を，文字の違いによってどのように表し分けているでしょうか。

（イ）　マンガでは，声や音以外の状態や様子が，擬態語で表されます。（1）〜（3）では，擬態語によって，状態や様子がどのように表されているでしょうか。

(1) ［イヤホンからの大音量の音楽に合わせて「ヒーメヒメ」と歌いながら自転車を運転していて，車のクラクションに気づかずに衝突される場面］

（渡辺航『弱虫ペダル〈1〉』p.17，秋田書店，2008）

(2)

©KIYOHIKO AZUMA/YOTUBA SUTAZIO

(あずまきよひこ『よつばと！〈1〉』pp.54-55，株式会社KADOKAWA　アスキー・メディアワークス，2003)

レッスン11 マンガのことば

(3)

(羽海野チカ『3月のライオン〈1〉』p.58, 白泉社, 2008)

(ウ) マンガに出てくる擬音語・擬態語には，普通は使われないようなものが多くあります。(1)の「ドカ」，(2)の「がこがこっ」(3)の「じぃーっっっ」などです。ほかのマンガからも例を探し，どのようにして作られているかを考えてください。

● **問題3（ア）を考えるときのヒント**

　実際の音に似せてことばとして表現したものが擬音語です。日常生活や小説などでも使われますが，マンガには非常に多く現れます。

　（1）（2）で擬音語を使わずに様子を表すのは，かなり大変でしょう。マンガはアニメや映画とは違って静止画ですから，動きなどを生き生きと感じさせるには工夫が必要です。（1）（2）にあることばのうち，どれが擬音語なのかを考えた上で，音の大きさや質が文字の違いによってどのように表し分けられているかを考えてください。

● **問題3（イ）を考えるときのヒント**

　マンガには，擬音語だけでなく，状態や感情を音で表した擬態語もよく現れます。たとえば，（1）の「ぴゅー」では，「ぴゅー」という音がしているわけではないでしょう。もし，この「ぴゅー」という擬態語がなかったら，絵から受ける印象はどのように変わるでしょうか。

　（1）～（3）にあることばのうち，どれが擬態語なのかを考えた上で，状態や様子がどのように表されているかを考えてください。擬音語なのか擬態語なのかの区別が難しいものもあるかもしれません。

● **問題3（ウ）を考えるときのヒント**

　マンガには普通は使われないような擬音語・擬態語が現れますが，その多くは，普通の擬音語・擬態語を少し変えた形です。（3）の「じぃーっっっ」は，（4）の擬態語「じっ」を変化させたものだと考えられます。

　　（4）　じっと見つめる

　普通は使わないがマンガには現れる擬音語・擬態語について，普通の形をどのように変えて，どういうことを表現しているかを考えてください。

　元の形があるとは考えにくい擬音語・擬態語については，どのような音がどのような内容を表しているかを観察してください。たとえば，「ガ」「ダ」のような濁音が多いとどのような様子だと感じられるか，「サ」「ス」のようなサ行音だとどうかというように考えてみてください。

問題4　ことばで笑わせるマンガ

(ア)　(1)では，どのようにして読者を笑わせようとしているでしょうか。1コマめで読者はどう予想するか，予想が裏切られるのは，どのことばに原因があるのか，3コマめまで読んで読者はどう予想するか，その予想はどのように裏切られているかを考えてください。

(イ)　(2)では，どのようにして読者を笑わせようとしているでしょうか。3コマめまで見たとき，読者はどう予想するか，どうしてそう予想するのかを考えてください。

(1)

©いしいひさいち

(2)

©いしいひさいち

(ウ) (3)では，どのようにして読者を笑わせようとしているでしょうか。どのコマでどのようなことばが省略されていることが笑いにつながっているのかを考えてください。

(3)

© いしいひさいち

((1)：いしいひさいち『となりの山田くん 全集1』p.265, 徳間書店, 1999)
((2)：いしいひさいち『ののちゃん 全集9』p.361, 徳間書店, 2014)
((3)：いしいひさいち「ののちゃん」『朝日新聞』2016.5.27, 朝刊, p.30)

(エ) (ア)～(ウ)のように，読者を笑わせるマンガに使えそうなことばの問題を考えてください。できれば，それを使った4コママンガの構成も考えてください。

レッスン11　マンガのことば

● 問題4（ア）を考えるときのヒント

　2コマめの砂糖やジャムは,「甘いもん」（「甘い物」）であることは間違いありません。しかし,1コマめの問いの答えとして期待されるものではないでしょう。「甘い物」の文字通りの意味と,文脈の中での自然な解釈の違いを考えてください。同様に,4コマめの「わたしのケーキ」などは「お菓子」であることは間違いありません。それなのに,期待される答えになっていないのはどうしてでしょうか。

● 問題4（イ）を考えるときのヒント

　日常生活での言動は,「こういうときには,こうするものだ」といった一般常識に合っているのが普通です。マンガには,そのような一般常識から外れた展開で笑わせようとするものがあります。
　（2）の状況では,どのような一般常識からどのような言動が予想されるのでしょうか。

● 問題4（ウ）を考えるときのヒント

　言われていないことばや,言われていないことばの解釈の仕方で笑わせるマンガもあります。1コマめの「風呂は入っているか」という表現は,風呂に何が入っていることを聞く表現でしょうか。その答えの「入ってます」では,何が省略されているでしょうか。3コマめでは何が省略されていて,そのことが4コマめの笑いにどうつながっているでしょうか。

● 問題4（エ）を考えるときのヒント

　（1）〜（3）はすべて,読み手の予想を裏切ることでおもしろさが生まれています。（1）は文脈に沿った自然な解釈がされないという問題,（2）は一般常識を裏切る言動の問題,（3）は言われていないことばの問題ですが,3つの問題は無関係ではなく,複数の問題が関係する場合もあります。
　これらを参考にして,読み手を笑わせるマンガに使えそうな例を考えてください。予想が裏切られて驚いた実話をもとにするのもいいでしょう。

課題1

　人間の声の大きさや質，さらに心の中で思ったことばやナレーションなどの，文字の大きさやフォント（書体）による表し分け方は，マンガによってかなり違います。少年マンガと少女マンガによる違い，スポーツ・恋愛・ファンタジー・ホラーといったジャンルによる違い，作家による違いなど，いずれかの観点から違いを考察してください。違いを考察しながら，マンガの種類にあまり左右されない傾向も調べてください。

課題2

　問題3の(ウ)にあるように，マンガには，通常使われない擬音語や擬態語が多く現れます。次のような辞典を参考にして，辞典に載っていない擬音語・擬態語をマンガからできるだけたくさん探してください。
　　飛田良文・浅田秀子『現代擬音語擬態語用法辞典』東京堂出版，2002.
　　小野正弘『擬音語・擬態語4500　日本語オノマトペ辞典』小学館，
　　　2007.
　　山口仲美（編）『擬音語・擬態語辞典』講談社学術文庫，2015.［『暮
　　　らしのことば擬音・擬態語辞典』(2003) の改題文庫化］
　そして，その使われ方と，その擬音語・擬態語と似た形の擬音語・擬態語の辞典での説明を比べて，違いを考察してください。

課題3

　4コママンガにもいろいろな種類がありますが，複数の4コママンガで1つの物語を作るものではなく，1話で話が完結し，読み手を笑わせる4コママンガの例を集めて，それらを笑わせ方によって分類してください。

レッスン

12 方言

（1）では，広島の方言がほかの人に通じていない場面が描かれています。

（1）　「わざわざ直さんわい。そがァなたいぎィこと，何でせんにゃいけンのよ」

　　細川がそう言うと，未来は「ん？」と小さく声を漏らした。
「何？　たいぎィって」
「面倒臭(くさ)いってこと」

　　と，俺がご飯を箸で寄せながら言うと，その場の皆が俺を一斉に注視した。

（森橋ビンゴ『この恋と，その未来。―一年目　春―』p.135，KADOKAWA，2014）

日本語にはたくさんの方言があり，方言と標準語を使い分けている人もたくさんいます。

このレッスンでは，方言について分析していきましょう。

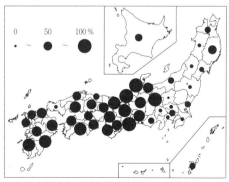

図25　店を出るときに「ありがとう」と言う人(篠崎晃一・小林隆1997を改変)

（小林隆・澤村美幸『ものの言いかた西東』p.137，岩波新書，2014）

問題1　方言によって言い方が違うことば

(ア)　(1)のことばは，すべて，ほぼ同じ意味を表しています。このような意味を表すことばが方言によってさまざまな言い方になるのはなぜかを考えてください。

　　(1)　「こわい」(東北)　　「えらい」(中部・中国など)
　　　　「しんどい」(近畿)　「きつい」(九州)

(イ)　(2)のことばは，すべて，ほぼ同じ意味を表しています。このような意味を表すことばが方言によってさまざまな言い方になるのはなぜかを考えてください。

　　(2)　「なまら」(北海道)　　「でら」(愛知)
　　　　「めっちゃ」(大阪など)　「ぶち」(山口)
　　　　「がばい」(佐賀)　　　　「てげ」(宮崎)

(ウ)　(3)のことばは，すべて，ほぼ同じ意味を表しています。このような意味を表すことばが方言によってさまざまな言い方になるのはなぜかを考えてください。

　　(3)　「ばか」(関東・九州など)　「あほ」(近畿など)
　　　　「たわけ」(中部など)　　　「だら」(石川・鳥取など)
　　　　「ほんじなし」(青森など)

(エ)　(4)のことばは，すべて同じ意味を表しています。このような意味を表すことばが方言によってさまざまな言い方になるのはなぜかを考えてください。

　　(4)　「ものもらい」　「お客さん」　「お姫さん」
　　　　「ばか」　　　　「めいぼ」　　「めかいご」
　　　　「めばちこ」　　「めぼ」　　　「めもらい」

● 問題1(ア)を考えるときのヒント

「うれしい」「楽しい」などは，方言による違いがあまりありません。(1)のようなことばのほうが方言による違いが大きいのはなぜでしょうか。

（1）のようなことばを言うときの気持ちを思い出して考えてください。

● 問題1（イ）を考えるときのヒント

たとえば，「山」「本」「読む」「書く」「赤い」「広い」などは方言による違いがあまりありません。このようなことばと（2）のようなことばは，どう違うのでしょうか。

● 問題1（ウ）を考えるときのヒント

（3）のように罵倒を表すことばは方言による違いが大きいようです。その分布については，松本修『全国アホ・バカ分布考―はるかなることばの旅路―』（太田出版，1993；新潮文庫，1996）に詳しく載っています。

たとえば，「おとな」「子ども」「男」「女」「教師」「社長」「会社員」などは方言による違いがあまりありません。このようなことばと（3）のようなことばは，何が違うのでしょうか。

● 問題1（エ）を考えるときのヒント

「まつ毛のつけ根やまぶたに起きる細菌感染による炎症」を表す日常的なことばは，（4）のように方言によってさまざまな言い方があります。

ほかの家からもらったものを食べると治るという風習から生まれた「ものもらい」のようなことばもあります。丁寧な呼び方をすることで遠ざけようとする「お客さん」「お姫さん」のようなことばもあります。

病気といっても「胃腸炎」「喘息（ぜんそく）」などは方言による違いがあまりありません。このようなことばと（4）のようなことばは何が違うのでしょうか。

同じように，「骨折」「火傷（やけど）」などには方言による違いはあまりありませんが，打撲したときの内出血によってできるあざは，（5）のように方言によってさまざまな言い方があります。

（5）「青あざ」（全国的に広く分布）　「青たん」（北海道など）
　　　「青なじみ」（茨城）　　　　　「くろち」（宮城・熊本など）
　　　「くろにえる」（大分など）　　「血が死ぬ」（群馬など）

問題2　標準語と同じ形の方言

（ア）　方言のことばの中には，標準語と形は同じで，意味や使い方が違うものがあります。（1）は標準語とどのように似ていて，どのように違っているかを考えてください。

　　　（1）　掃除が終わったので，道具を<u>なおす</u>。（九州・近畿など）　　　　　　　　　　　［＝かたづける］

（イ）　（2）は標準語とどのように似ていて，どのように違っているかを考えてください。

　　　（2）　手袋を<u>はく</u>（北海道など）
　　　　　　　［＝はめる・する］

（ウ）　（3）は標準語とどのように似ていて，どのように違っているかを考えてください。

　　　（3）　ゴミを<u>投げる</u>（北海道など）
　　　　　　　［＝捨てる］

（エ）　（4）は標準語とどのように似ていて，どのように違っているかを考えてください。

　　　（4）　机を<u>つる</u>（愛知・岐阜・三重）
　　　　　　　［＝持ち上げて移動させる］

（オ）　（5）は標準語とどのように似ていて，どのように違っているかを考えてください。

　　　（5）　この煮物は，<u>くどい</u>。（石川・富山・福井など）
　　　　　　　［＝塩辛い］

●問題2（ア）を考えるときのヒント

標準語と同じ形の方言の中には，意味や使い方が標準語と似ているものがあります。標準語の「なおす」は（6）や（7）のように使われます。

　（6）　風邪を早く<u>治し</u>たい。
　（7）　壊れた椅子を自分で<u>直し</u>た。

(6)(7)のような「なおす」と，(1)の「なおす」のそれぞれについて，どのようなときに「なおす」のか，「なおした」後にはどのような状態になるのかを考えるとよいでしょう。

●問題２（イ）を考えるときのヒント

標準語の「はく」は，どのような衣類を身につけるときに使われるでしょうか。帽子，シャツ，スカート，靴など，身体のいろいろな部分に身につける衣類について，「はく」が使えるか使えないかを確認してください。

●問題２（ウ）を考えるときのヒント

標準語の「投げる」という動作と，「捨てる」という動作の意味を改めて考えてみて，共通点を見つけてください。

なお，兵庫などでは「捨てる」ことを「ほる」と言います。「ほる」は「放る」から来ているので，「投げる」と似ています。

●問題２（エ）を考えるときのヒント

標準語の「つる」は，(8)のように使われます。

(8) アイロンをかけたスーツを吊っておく。

「吊り棚」「吊り橋」のようなことばもあります。まず，このような「つる」の意味をわかりやすく説明してみるとよいでしょう。

●問題２（オ）を考えるときのヒント

標準語の「くどい」は，(9)のように使われます。

(9) あの人は，いつも話がくどい。

ほかの例もあげて，標準語では「くどい」がどのような物や事に対して使われ，どのような意味を表しているかを考えてください。

標準語の「しつこい」ということばの使われ方もヒントになるでしょう。

(10) 断ってるのに何度も誘ってきて，しつこい。

(11) このトンカツは脂身が多くて，しつこい。

問題3　方言だと意識されにくい方言

(ア) 方言の中には，方言であることを，使っている人が意識しにくいものがあります。(1)～(4)のようなことばが方言であると意識されにくいのはなぜかを考えてください。ほかにも似た例があれば，あげてください。

　　(1)　「ラーフル」(鹿児島など)　　　　　［＝黒板消し］
　　(2)　「とりのこ用紙」(香川・愛媛など)　［＝模造紙］
　　(3)　「B紙(びーし)」(岐阜・愛知)　　　　　［＝模造紙］
　　(4)　「1回生」(近畿)　　　　　　　　　［＝(大学の)1年生］

(イ) (5)のようなことばが方言であると意識されにくいのはなぜかを考えてください。

　　(5)　水が<u>まける</u>(香川など)
　　　　　［＝こぼれる］

(ウ) (6)(7)のようなことばが方言であると意識されにくいのはなぜか，考えてください。

　　(6)　「しんどい」(近畿)　　　　　　　　［＝疲れた］
　　(7)　「めっちゃ」(近畿)　　　　　　　　［＝とても］

(エ) (8)のようなことばが方言であると意識されにくいのはなぜか，考えてください。

　　(8)　歩いて<u>行けれる</u>(岡山・長野など)
　　　　　［＝行ける］

●問題3(ア)を考えるときのヒント

　問題1や問題2にあげたことばの中にも使っている人が方言と意識しにくいものがたくさんありますが，この(1)～(4)のようなことばも使っている人が方言と意識しにくいものです。これらのことばは，生活の中のどのような場所でよく使われるでしょうか。その場所で使われることばが方言だと意識されにくいのはなぜでしょうか。

● 問題3（イ）を考えるときのヒント

　日本語には，「～を焼く」と「～が焼ける」のようにペアになっている動詞がたくさんあります。「まける」とペアになると考えられる動詞は何でしょうか。水がこぼれるという意味の「まける」は標準語では使われませんが，ペアとなる動詞のほうはどうでしょうか。

　似た例として，「ぬくもり」があります。「ぬくもり」は標準語ですが，「ぬくい」は広い地域に分布する方言です。このように，似た形のことばの一方だけが標準語として使われている場合があります。

● 問題3（ウ）を考えるときのヒント

　（6）の「しんどい」や（7）の「めっちゃ」は，近畿地方に住んでいない人も見聞きすることがあります。どうしてでしょうか。「しんどい」と同じ意味を表す「こわい」（東北），「えらい」（中部・中国など），「きつい」（九州）などと比べて，どうでしょうか。「めっちゃ」と同じ意味を表す「なまら」（北海道），「でら」（愛知），「ぶち」（山口），「がばい」（佐賀），「てげ」（宮崎）などと比べて，どうでしょうか。

● 問題3（エ）を考えるときのヒント

　「することができる」という可能の意味を表すとき，標準語では（9）（10）のような形になります。

　　（9）　起きる　→　起きられる，起きれる
　　　　　食べる　→　食べられる，食べれる
　　（10）　行く　→　行ける
　　　　　読む　→　読める

　（9）は一段活用をする動詞の場合です。「起きれる」「食べれる」のような「ら」がない形は，「ら抜きことば」とも言われる比較的新しい形です。一方，（10）は五段活用をする動詞の場合です。

　（8）の「行けれる」のような形は，（10）の可能の形に「れ」が付け加えられたもので，「レ足すことば」などと呼ばれます。

問題4　方言の動詞の活用

(ア) 方言の動詞の活用を考える前に，標準語の活用を整理しましょう。標準語では，動詞の基本の形（「かく」「みる」など）からどのような規則で否定形（「かかない」「みない」など）を作るでしょうか。たとえば，「まつ」から「またない」を作る規則は，「まつ」の最後にある「つ」をア段の「た」に変えて「ない」を付けるという規則になります。

かく	のむ	みる	あける	くる	する
かかない	のまない	みない	あけない	こない	しない

(イ) 次の表は，ある北関東の人の否定形の活用です。この方言では，否定形（「かかねー」など）は，動詞の基本の形（「かく」など）からどのような規則で作られますか。

かく	のむ	みる	あける	くる	する
かかねー	のまねー	みねー	あけねー	きねー	しねー

(ウ) 次の表は，ある近畿の人の否定形の活用です。この方言では，否定形（「かかへん」など）は，動詞の基本の形（「かく」など）からどのような規則で作られますか。

かく	のむ	みる	あける	くる	する
かかへん	のまへん	みーひん	あけへん	けーへん	せーへん

(エ) 次の表は，ある九州の人の否定形の活用です。この方言では，否定形（「かかん」など）は，動詞の基本の形（「かく」など）からどのような規則で作られますか。

かく	のむ	みる	あける	くる	する
かかん	のまん	みらん	あけん	こん	せん

●問題4（ア）を考えるときのヒント

「かく」から「かかない」を作る規則は，(1)のようになります。

　(1)　か⇍(k\boxed{u}) → か(k\boxed{a}) ＋ ない

しかし，「みる」は，「かく」と同じ規則で否定形を作ると，(2)のように「みらない」になってしまいます。違う規則が必要です。

　(2)　み⇍(r\boxed{u}) → ら(r\boxed{a}) ＋ ない

このような違いが出てくるのは，「かく」や「のむ」は五段動詞，「みる」や「あける」は一段動詞で，動詞の活用の種類が違うからです。

動詞の活用の規則を考えるときは，五段動詞と一段動詞を区別する必要があります。また，カ変（カ行変格活用）と呼ばれる「くる」とサ変（サ行変格活用）と呼ばれる「する」も，それぞれ区別する必要があります。

●問題4（イ）を考えるときのヒント

この人の活用は，標準語と少し違うだけのように見えるでしょう。ただし，「くる」の活用には注意が必要です。

●問題4（ウ）を考えるときのヒント

この人は，否定は基本的に「へん」を使っていますが，「ひん」を使っている動詞もあります。どんなときに「へん」が「ひん」になるのか考えてください。一段動詞のうち「へん」になるのは「寝る」「食べる」「やめる」など，「ひん」になるのは「着る」「煮る」「起きる」などです。

●問題4（エ）を考えるときのヒント

この人の活用は，問題4（ウ）で考えた，ある近畿の人の活用と少し違うだけのように見えるかもしれません。ただし，「みる」の否定形が「みん」ではなく「みらん」になっているのが特殊です。どんなときに「〜ん」ではなく「〜らん」になるのか考えてください。一段動詞のうち「〜ん」になるのは「食べる」「起きる」「降りる」など，「〜らん」になるのは，「着る」「寝る」「煮る」などです。

課題1

　国立国語研究所編集の『日本言語地図』がインターネットで公開されています。「ものもらい」「すてる」「おそろしい」など，さまざまなことばを1903年以前生まれの男性が日本各地でどう言うかを1957年からの8年間に調査した結果を，300枚の地図にまとめたものです。

　これらの地図で，自分や知人が育った地域の方言を調べ，自分や知人の言い方と違うところがないか調べてください。そして，それぞれについてなぜ違うのかを地図全体の分布も見ながら推測してください。300項目のうち，興味があるものだけでかまいません。

課題2

　国立国語研究所編集の『方言文法全国地図』がインターネットで公開されています。「東の方へ（行け）」の「へ」，「来る」の否定形，「読んでしまった」という言い方など，さまざまな文法的な表現を1925年以前生まれの男性が日本各地でどう言うかを1979年からの約4年間に調査した結果を，350枚の地図にまとめたものです。

　これらの地図で，自分や知人が育った地域の方言を調べ，自分や知人の言い方と違うところがないか調べてください。そして，それぞれについてなぜ違うのかを地図全体の分布も見ながら推測してください。350項目のうち，興味があるものだけでかまいません。

課題3

　次の本のどれかを読んで，興味がある部分を中心に，書かれていることをまとめてください。そのとき，自分や知人の方言での言い方や，方言についての自分の経験などを十分に盛り込んでください。

　　大西拓一郎（編）『新日本言語地図―分布図で見渡す方言の世界―』
　　　朝倉書店，2016.
　　小林隆・澤村美幸『ものの言いかた西東』岩波新書，2014.
　　真田信治『方言の日本地図―ことばの旅―』講談社+α新書，2002.

レッスン 13 丁寧体と普通体

（1）の会話では，片方が丁寧体を，もう片方が普通体を使っています。それだけで二人の関係が少しわかります。

（1）「これ，おいしいですね。」
　　　「うん，おいしいね。」

日本語では丁寧体と普通体の区別が大切ですが，使い分けは単純ではありません。（2）のように丁寧体と普通体が混じった文章もあります。

（2）　ついつい走り書きしてしまうんですよね，銀行とか郵便局の振込用紙のたぐい。
　　　ところが「読めればいい」，と思って急いで書いた字があとで読めなかったり，間違って読まれたりする。
　　　実は私，絵の下書きに描いた自分の文字があまりにキタナくて，あとになって自分でも読めなかったということが結構あるんです。書き直したり解読したりで，結局二度手間になっちゃったりする。
　　　それだったら，最初から字をキチンと書こう，と思います。
（上大岡トメ『キッパリ！　たった5分間で自分を変える方法』p.54，幻冬舎，2004）

このレッスンでは，丁寧体と普通体の使い分けを分析していきましょう。

問題1　丁寧に言う形

(ア) 日本語には,「です」や「ます」を使って丁寧に言う形があります。(1)と(2)を見て,どのようなときに「です」が使われ,どのようなときに「ます」が使われるかを考えてください。

　　(1)　大学生です　　静かです　　おいしいです
　　(2)　歌います　　学びます

(イ) (3)〜(5)は,すべて丁寧に言うときの形です。(3)〜(5)のそれぞれで,左の形が表している意味と右の形が表している意味には違いがあります。何が違いますか。

　　(3)　行きます　　―　行きませんでした
　　(4)　暑くないです　―　暑かったです
　　(5)　雨でした　　―　雨ではありません

(ウ) (6)〜(8)のそれぞれの左右の形は,意味に違いがありません。どちらか使いやすいほうがあるでしょうか。あるいは,どのようなときにはどちらのほうが使いやすいといった違いや印象の違いなどがあるでしょうか。

　　(6)　諦めません　　　　　―　諦めないです
　　(7)　難しくありません　　―　難しくないです
　　(8)　高校生じゃありません　―　高校生じゃないです

● 問題1(ア)を考えるときのヒント

丁寧に言うときに使われる「丁寧体」の形には「です」と「ます」があります。動詞(「歩く」など),形容詞(「暑い」など),形容動詞(「単純だ」など),名詞(「本」など)といった品詞によって,どちらが使われるかが違います。

なお,「食べます」は「ます」ですが,「食べやすいです」になると「です」が使われます。「大きい」は「です」ですが,「大きすぎます」になる

と「ます」が使われます。これらについても考えてください。

● 問題1（イ）を考えるときのヒント

（3）～（5）の左の形と右の形では，過去や否定の意味が加わっているかどうかが違います。

丁寧さを表す形に過去や否定の意味が加わると，複雑になります。品詞ごとに次のような表にして整理するといいでしょう。2つの形が考えられる場合もあります。

［動詞］

	現在・未来を表す形	過去を表す形
肯定の形	行きます	
否定の形		

［形容詞］

	現在・未来を表す形	過去を表す形
肯定の形	暑いです	
否定の形		

［名詞］

	現在・未来を表す形	過去を表す形
肯定の形	雨です	
否定の形		

● 問題1（ウ）を考えるときのヒント

まず，「～ません」の形と「～ないです」の形は，（イ）で考えた表のどこに入るかを確認してください。

その後，相手や場面を具体的に思い浮かべて，どちらの形が使いやすいか，印象に違いがあるかなどを考えてください。

たとえば，目上の人に，子どもの頃からの夢をもう諦めるかどうかを聞かれたときには，「諦めません」と「諦めないです」のどちらを使いますか。個人差があるかもしれません。

問題2　丁寧体と普通体の使い分け

（ア）日本語には，「です」「ます」を使う丁寧体と，「です」「ます」を使わない普通体があります。人と話をするとき，(1)のような丁寧体と(2)のような普通体はどう使い分けられますか。
　　(1)「この席，あいてますか？」
　　(2)「この席，あいてる？」

（イ）相手がいない場で(3)のような独り言を言うときは，丁寧体と普通体のどちらを使いますか。それはなぜでしょうか。
　　(3)「ああ，{眠い／眠いです}。」

（ウ）書きことばでは，どのような文章が丁寧体で書かれ，どのような文章が普通体で書かれていますか。新聞，小説，ブログなどいろいろな文章について考えてください。

（エ）(ウ)で考えた丁寧体で書かれている文章は，なぜ丁寧体なのでしょうか。普通体で書かれている文章は，なぜ普通体なのでしょうか。逆だと，どのような感じがしますか。

●問題2(ア)を考えるときのヒント

人と話をするときには，丁寧体と普通体はどのように使い分けられているでしょうか。(4)や(5)では，会話が不自然になりそうです。それは，なぜでしょうか。
　　(4)［かなり上の先輩に］「もう帰る？」
　　(5)［親しい友だちに］「明日は忙しいですか？」
丁寧体を使うか普通体を使うかで迷う場合があるとしたら，どのようなときでしょうか。

●問題2(イ)を考えるときのヒント

独り言で(3)や(6)を言う場合，丁寧体が使われますか，普通体が使われますか。使われないほうを使うと，どのような感じがしますか。

（6）「あ，雨 {やんでる／やんでます}。」

使われないほうを使うとどのように感じるかをヒントに，なぜそちらが使われず，もう一方が使われるのかを考えてください。

●問題2（ウ）を考えるときのヒント

身の回りにはいろいろな文章があります。新聞，雑誌，小説，エッセイ，教科書，参考書，専門書，絵本，ゲームの攻略本，料理の本，辞典，取扱説明書，ブログ，SNSでのやりとり，伝言メモなど，いろいろな文章が丁寧体で書かれているか普通体で書かれているかを考えてください。同じ種類の文章であれば，必ずどちらかに決まっているわけではありません。

●問題2（エ）を考えるときのヒント

（7）は丁寧体で書かれています。どのような印象をもちますか。もし（8）のように普通体で書かれていると，どのような感じがしますか。

（7）「やさしい」の古語は「やさし」。そのもととなったことばは「やす（痩す）」，現代語の「やせる」です。相手に対して，自分が痩せるような思いをすること，それを「やさしい」というのです。
（中西進『ひらがなでよめばわかる日本語のふしぎ』p.183，新潮文庫，2008）

（8）「やさしい」の古語は「やさし」。そのもととなったことばは「やす（痩す）」，現代語の「やせる」だ。相手に対して，自分が痩せるような思いをすること，それを「やさしい」というのだ。

（9）は普通体で書かれています。どのような印象をもちますか。もし（10）のように丁寧体で書かれていると，どのような感じがしますか。

（9）（成年）
第四条　年齢二十歳をもって，成年とする。
（「民法」第一編 総則　第二章 人　第二節 行為能力）

（10）年齢二十歳をもって，成年とします。

問題3　普通体の中の丁寧体

(ア)　(1)では、普通体の会話の中に丁寧体が現れています。なぜ丁寧体になっているのでしょうか。

(1)　子ども　「アイスクリーム、買ってー。」
　　　親　　　「だめ。食べ過ぎになるよ。」
　　　子ども　「買ってー。」
　　　親　　　「<u>買いません</u>。」

(イ)　(2)では、普通体のエッセイの中に丁寧体が現れています。なぜ丁寧体になっているのでしょうか。

(2)　そして、この作品の雑誌『中央公論』への連載および出版にかかわる心強い担当者となって<u>いただいた</u>、中央公論新社編集企画部の田辺美奈<u>さん</u>の、勝手に金沢へ行き来する気儘(きまま)な著者たる私を、遠隔操作的にコントロールし、あるときは資料探索にはしり、あるときは取材への同行をこなし、そのあげく単行本化にさいしての最終調整という工程は、さぞかし複雑な疲れをともなう時間であったことだろう。本当に<u>ありがとうございました</u>。(村松友視『金沢の不思議』p.256、中央公論新社、2015)

(ウ)　(3)では、普通体のエッセイの中に丁寧体が現れています。なぜ丁寧体になっているのでしょうか。

(3)　「バードランド」ももちろん古くからある超有名なクラブだが(今を遡(さかのぼ)る六十年前、オリジナルのクラブの開店初日には、チャーリー・パーカーのバンドが出演した)、そのあと場所は何度も引っ越しているし、経営も様変わりしている。[中略]女性同伴で、ちょっと気取って、ニューヨークのナイトライフを愉(たの)しみに来るのには最適かもしれない。でも

レッスン13　丁寧体と普通体

> 値段はリーズナブルだし，演奏の質も申し分ないし，ジャズがしっかりと鳴り響いている。ここも<u>お勧めです</u>。
> (村上春樹『ラオスにいったい何があるというんですか？』p.125, 文藝春秋, 2015)

●問題3(ア)を考えるときのヒント

親は子どもにいつも普通体で話しているはずです。(1)の「買いません」のように丁寧体を使って言うのは，どのような場合でしょうか。そして，どのような表現効果があるでしょうか。

●問題3(イ)を考えるときのヒント

(4)でも，普通体のエッセイに丁寧体が現れています。(2)や(4)の丁寧体の部分は，ほかの普通体の部分と性質がどのように違うでしょうか。そこを普通体にすると，どういう感じがするかを考えてください。

(4)　客席が明るくなり，最後に流れた場内アナウンスは，戸田恵子さんにわざわざお願いしたもの。
「これより十五年間の休憩です」
キャスト，スタッフの皆さん，本当に<u>お疲れ様でした</u>。
(三谷幸喜『復活の日』p.158, 朝日新聞出版, 2009)

●問題3(ウ)を考えるときのヒント

(5)でも，普通体のエッセイに丁寧体が現れています。(3)や(5)の丁寧体の部分は，ほかの普通体の部分と性質がどのように違うでしょうか。そこを普通体にすると，どういう感じがするかを考えてください。

(5)　年配女性が一緒にいるのは決まって，家族だ。夫婦だ。または女同士だ。これはあくまで私の<u>体験にすぎませんが</u>。(遙洋子「遙かなるフェミニズム」『朝日新聞』2000.5.16, 朝刊, p.15)

問題4　丁寧体の中の普通体

(ア) （1）では，丁寧体の文章の中に普通体が現れています。どのような場合に，なぜ普通体になるのでしょうか。

(1) ［効果の高い健康法の必要条件の］もう一つは，根本的であることです。カゼをひいたらカゼ薬を<u>飲む</u>。これは対症療法ではあっても，カゼを根本から治す，あるいはカゼにかかりにくい体をつくるといった根源的，予防的な方法にはなりません。

　したがって，薬やサプリメントに頼る健康法では，ごく一時的で，表面的な効果しか<u>得られない</u>。これはどなたにもわかる理屈でしょう。そしておそらく，こういう対症的，表面的な健康法が世間にはずいぶん多いのではないでしょうか。

(塩谷信男『100歳だからこそ，伝えたいこと』p.36，サンマーク出版，2002)

(イ) （2）の普通体「おかしい」を丁寧体にすると，不自然になります。なぜでしょうか。

(2) 「ジュネーブ天文台のグループは，自分たちのためているデータが<u>おかしい</u>。非常に短い周期でゆれていると気づいたんです」と国立天文台の田村元秀さんは発見の経過を説明する。

(『朝日新聞』1996.11.22，夕刊，p.17)

(ウ) （3）では，丁寧体の会話の中に普通体が現れています。どのような場合に，なぜ普通体になるのでしょうか。

(3)　A「明日，食事に行きませんか？」

　　　B「明日ですか。ちょっと都合がつかないですね。<u>残念だなあ</u>，せっかくの機会だったのに。また今度誘ってくださいね。」

レッスン13　丁寧体と普通体

● 問題4（ア）を考えるときのヒント

（1）では，普通体の「飲む」「得られない」の次の文の最初に「これ」が出てきます。「これ」がどんな働きをしているかがヒントになるでしょう。

（4）は，（1）とよく似た例です。この中で「立つ」「行く」が普通体になっています。この例も参考にして考えてください。

（4）　タイミングという点で，料理を作る側として言わせてもらうと，食事の途中で席を<u>立つ</u>。トイレへ行ったり，どこかへ<u>行く</u>。あれが一番腹立ちますね。

（『あまから手帖』1993.2, p.54, あまから手帖社）

● 問題4（イ）を考えるときのヒント

（5）は，（2）の最初の文です。この文は，（2）の中にあると抵抗なく読めますが，これだけを取り出すと，とても不自然な文です。

（5）　ジュネーブ天文台のグループは，自分たちのためているデータがおかしい。

● 問題4（ウ）を考えるときのヒント

（6）の例も参考にして考えてください。「B 30f」は「A 40m」に丁寧体で話していますが，「違う」「木金土だ」という普通体が出てきています。

（6）　B 30f：来年の1月，ま，中旬になるとは思うんですけどー，あのー，根津駅から少し鶯谷の方にのぼって行った所にー，[店名1]のママがやってるお店があるんですけどー，あの，今，火水の夜しか営業してないんですね。そこのー昼間ー，えーと，今，あたしがあいてるのが木金土の昼なんですけどー。あ，<u>違う</u>。ん↑，木金【独り言のように】,,

A 40m：土は，やってんじゃん。

B 30f：金，<u>木金土だ</u>。

(遠藤織枝（他）（編）『談話資料　日常生活のことば』[談話資料データCD-ROM]，ひつじ書房，2016，相手のあいづちなどを省略)

課題1

文章は，（1）〜（4）のような種類に分けることができます。
- （1） 普通体だけが使われている文章
- （2） 丁寧体だけが使われている文章
- （3） 普通体の中に丁寧体が混じっている文章
- （4） 丁寧体の中に普通体が混じっている文章

さまざまな文章を調べ，（1）〜（4）に当てはまるものを，それぞれたくさんあげてください。たとえばエッセイと言っても，いろいろな種類があります。一人の人がいつも同じ書き方をするわけでもありません。

課題2

普通体の中に丁寧体が混じったり，丁寧体の中に普通体が混じったりしている書きことばの文章の例をたくさん集め，どのようなときにどのように普通体と丁寧体が混じるのかを，例をあげながら整理してください。

小説の会話文は，誰が誰に話しているかで普通体になったり丁寧体になったりします。そのようなものは対象にしないでください。

課題3

普通体の中に丁寧体が混じったり，丁寧体の中に普通体が混じったりしている話しことばの会話の例をたくさん集め，どのようなときにどのように普通体と丁寧体が混じるのかを，例をあげながら整理してください。

話しことばの会話の例を集めるときは，インターネットで公開されている次の会話資料を見るのが簡単です。

　　日本語自然会話書き起こしコーパス（旧名大会話コーパス）［作成：大曾美惠子］

次の書籍に付いている CD-ROM の会話資料を見るのもよいでしょう。

　　遠藤織枝（他）（編）『談話資料　日常生活のことば』ひつじ書房，2016.
　　現代日本語研究会（編）『男性のことば・職場編』ひつじ書房，2002.
　　（この書籍の CD-ROM には，女性のことばの資料も入っています。）

漫才のことば

（1）は，漫才の一部です。映画監督の宮崎駿氏について説明しているのですが，会話の展開が普通とは違い，笑いを引き起こしています。

(1) 塙「(宮崎駿氏は)漫画の神様と言われる手塚オサムムシさんにかなり影響を受けて」
土屋「治虫さんね。ごめんね，あの「虫」読まないの，あれね。」
〈笑〉
塙「その人の作品に「火の島」という作品と」
土屋「鳥だよ。ただの山火事だろ，そんなの。」
〈笑〉
塙「あのう，「たいていジャングル」っていう作品があるんですけれど」
土屋「「ジャングル大帝」ね。逆ね。出てくるシーンはたいていジャングルだけどね。」
(『M-1 グランプリ the BEST 2007–2009』(DVD)，よしもとアール・アンド・シー，2010，ナイツ)

このレッスンでは，漫才やコントではどのようにことばを使って人を笑わせているのかを分析していきましょう。

問題1　ことばの形や意味が笑いにつながる場合

(ア)　(1)では，どのことばとどのことばがどのように笑いにつながっているでしょうか。

　　(1)　中川家礼二「今日，まあ，ゆうてもまあ漫才ですから，ちゃんと本気でやってくださいよ。」
　　　　間寛平（はざまかんぺい）「誰がモンキーやねん！」
　　　　中川家剛「出た！」
　　　　〈笑〉［中略］
　　　　中川家礼二「ちょっとあの漫才のちょっと前にね，ちょっと師匠にあの，折り入（い）って話があるんですけど。」
　　　　間寛平「誰が檻（おり）に入（はい）って話さなあかん…」
　　　　〈笑〉
　　　　(『中川家の特大寄席』(DVD)，よしもとアール・アンド・シー，2012)

(イ)　(2)の最後の部分では，どのことばの意味がどのように笑いにつながっているでしょうか。

　　(2)　［冷蔵庫を買ったという福田の話に，徳井が強い関心を示している］
　　　　徳井「ちょっとあのう，こんなん聞いてもええのかわかれへんけれども，や，ふふっ，ま，あのう，その新しい冷蔵庫買ったら，何を冷やそっかなあみたいの考えてんの？」
　　　　〈笑〉
　　　　福田「ちょ，聞いてどうすんねん，それ。」
　　　　徳井「冷やすリストみたいなの，あるやろ？」
　　　　福田「ないよ，そんなもん。」
　　　　徳井「いや，あるやろ。」

福田「ない，ない，ない，ない，ない。」
徳井「えー，オーナー！」
福田「オーナー，言うな，お前。」
〈笑〉
福田「恥ずかしいわ，冷蔵庫のオーナー言われて。」
(『M-1 グランプリ the BEST 2004-2006』(DVD)，よしもとアール・アンド・シー，2007，チュートリアル)

(ウ) (3)の最後の部分では，どのことばの意味がどのように笑いにつながっているでしょうか。

(3) [以前通っていた学校に来た元生徒が当時の先生と再会したが，先生は全く覚えていないという場面]

西村（元生徒）「いや，ショックだな。ちょっとよく見てください。[先生に近づきながら]先生，オレっすよ。オレっす。先生，オレっす。」
小峠（先生）「覚えてないよ。自動車学校だよ，ここ。」
〈笑〉[中略]
西村（元生徒）「僕，この学校にむちゃくちゃ思い出つまってますよ。」
小峠（先生）「ああもう非常に珍しいタイプだ。どれぐらい前に通ってたの？」
西村（元生徒）「18年前です。」
小峠（先生）「覚えてるわけがないよね。」
〈笑〉[中略]
西村（元生徒）「まあ，それはそうと先生，[遠くを見ながら]今日も後輩たちがんばってますねえ。」
小峠（先生）「よくあれを後輩と呼べるよね。」
〈笑〉
(『キングオブコント 2012』(DVD)，よしもとアール・アンド・シー，2012，バイきんぐ)

(エ)　(1)〜(3)と同じように，ことばの形や意味が笑いにつながる例を考えて，漫才やコントの会話文を作ってください。

●問題1(ア)を考えるときのヒント

(1)は猿に似ていることをネタにすることの多い間寛平の，定番とも言えるネタに，中川家剛が「出た！」と反応しています。

●問題1(イ)を考えるときのヒント

(2)は，福田が冷蔵庫を買った話に徳井が異様に関心を示して話を進めています。その中で笑いが積み重ねられていき，(2)の最後で「オーナー」ということばが笑いにつながっています。「オーナー」ということばは普通どう使われるか，ここではなぜ笑いにつながるのかを考えてください。

●問題1(ウ)を考えるときのヒント

(3)は，18年前に通った自動車学校を元生徒が訪ね，教官に対してなつかしげに話をするという状況のコントです。冒頭では学校だろうということしかわからないので，「自動車学校だよ，ここ。」というセリフによって初めて観客が状況を理解し，大きな笑いが起きています。

その状況の中で笑いが積み重ねられ，(1)の最後で「後輩」ということばが笑いにつながっています。「後輩」ということばは普通どのように使われるか，ここではなぜ笑いにつながっているのかを考えてください。

●問題1(エ)を考えるときのヒント

(1)のように似た形のことばによる笑いもあれば，(2)や(3)のようにことばの意味や使い方が違うことによる笑いもあります。このレッスンの最初のページに示したナイツの漫才も，ことばの形や意味が笑いにつながっている例です。日常生活でことばの形や意味を勘違いした経験を思い出して，会話を作ってみるとよいでしょう。

問題2　何かを言わないことが笑いにつながる場合

（ア）　（1）では，ピザ屋の店員がどのタイミングで何を言わなかったことが笑いにつながっているのでしょうか。

　　　（1）　［ピザ屋の店員が遅れて出前を持ってきた場面］
　　　　　　富澤（ピザ屋）「お待たせしましたー。」
　　　　　　伊達（客）「おせーよ，お前，1時間，1時間。この野郎。」
　　　　　　富澤（ピザ屋）「すいません。ちょっと迷っちゃって。」
　　　　　　伊達（客）「迷うって，お前，道1本だろうよ。」
　　　　　　富澤（ピザ屋）「いや，行くかどうかで迷った。」
　　　　　　伊達（客）「そこ迷うなよ。」
　　　　　　〈笑〉
　　　　　　（『M-1グランプリ the BEST 2007-2009』（DVD），よしもとアール・アンド・シー, 2010, サンドウィッチマン）

（イ）　（2）では，陶芸家が言っていないことを佐藤がどう推測したことが笑いにつながっているのでしょうか。

　　　（2）　［佐藤が陶芸家に弟子入りをお願いしている場面］
　　　　　　黒瀬（陶芸家）「お前から真剣みが伝わらないんだよ。」
　　　　　　佐藤「何ゆうてるんすかあ。」［と，なれなれしく黒瀬の肩をたたく］
　　　　　　黒瀬（陶芸家）「そういうとこだよ！　こういうときは手えついてでも頼み込むもんだろう。」
　　　　　　佐藤［横の壁に手をつくしぐさをして，頭を下げずに］「お願いします。僕を弟子に…」
　　　　　　〈笑〉
　　　　　　黒瀬（陶芸家）「壁にじゃねえよ！［下を指さしながら］ゆ，か，に！」
　　　　　　〈笑〉
　　　　　　（『M-1グランプリ the BEST 2007-2009』（DVD），よし

もとアール・アンド・シー，2010，パンクブーブー）

（ウ）（3）では，佐藤が最初に何を言わなかったことが，なぜ笑いにつながっているのでしょうか。

（3）　佐藤「このあいだ俺が歩いてたらね，向こうからガラの悪そうな奴が来て，俺にドンってぶつかってったんですよ。そしたらそいつ，人の肩に膝ぶつけといて謝りもしない。」

黒瀬「肩と膝？　肩と肩じゃなくて？」

佐藤「いや，肩と膝だよ。」

［中略。話がかなり進んでから］

佐藤「そしたら，いきなりだよ，その婆さんが俺に向かって」

〈笑〉

黒瀬「婆さん？　相手，婆さん？」

［中略］

佐藤「そのまま馬から引きずり降ろしてやった。」

黒瀬「馬に乗ってたんだ。婆さんが？」

佐藤「お前，馬に乗ってなかったら，肩と膝がぶつかるわけないじゃないか。」

黒瀬「だからか。」

〈笑〉

（『M-1グランプリ2010完全版』(DVD)，よしもとアール・アンド・シー，2011，パンクブーブー）

（エ）（1）〜（3）のように，何かを言わないことが笑いにつながる例を考えて，漫才やコントの会話文を作ってください。

●問題2（ア）を考えるときのヒント

日常会話でも（4）のように何かを言わないことはありますが，笑いには

つながりません。(1)は，このような例とどう違うのでしょうか。
　　　(4)　[レストランでメニューを見ながら]
　　　　　　A「(あなたは)(何を食べるか)決めた？」
　　　　　　B「いや，.(わたしは)(何を食べるか)迷ってる。」

●問題2(イ)を考えるときのヒント

　慣用的な表現の中にも，普通は言わないことばがあります。たとえば，「胸に手を当ててよく考えろ」というときの「胸」は，言われなくても「自分の」胸であって，他人の胸ではありません。

●問題2(ウ)を考えるときのヒント

　会話では，相手が話を理解できるように配慮しながら話すのが普通です。(5)は，トーク番組のゲストが失敗談を披露する前の状況説明です。
　　　(5)　橋本さとし「あのう，『レ・ミゼラブル』というミュージカル
　　　　　　　　　　がございまして，もう今日本で20年続いている舞台で，僕
　　　　　　　　　　はあの，ジャン・バルジャンの役をやらせていただいて。」
　　　　　　小堺一機（司会）「主役ですね。」
　　　　　　橋本さとし「一応そうですね。いや，そのジャン・バルジャン
　　　　　　　　　　をやったときに，やっぱり，すごく，プレッシャーとか，緊
　　　　　　　　　　張してたんですね。」
　（『ごきげんよう！　サイコロトーク20周年記念DVD　なにが出るかな!?』フジテレビジョン，2011）

●問題2(エ)を考えるときのヒント

　何かを言わないことが笑いにつながる場合には，言わなかったほうに原因があるときと，言われなかったことを推測するほうに原因があるときがあるでしょう。両方に原因があるという場合もあるでしょう。

問題3　言うべきでないことを言うことが笑いにつながる場合

(ア)　（1）では，店員が何を言ったことがなぜ笑いにつながっているのでしょうか。

　　（1）［ピザ屋の出前をとった客が，届けられたピザを確認した場面］
　　　　伊達（客）「おいおいおいおい，お前，これ，ピザ，ちげーよ。」
　　　　富澤（ピザ屋）「え？」
　　　　伊達（客）「俺，シーフードピザ頼んだんだよ。」
　　　　富澤（ピザ屋）「はい。」
　　　　伊達（客）「お前，これ，トマトとか，サラミとか，これ，ミックスピザじゃない，これ？」
　　　　富澤（ピザ屋）「あ，シーフードは，死んで間もない魚介類がたくさん入ってる…」
　　　　伊達（客）「死んで間もないって言うな，気持ち悪い。」〈笑〉

　　　　（『M-1グランプリ the BEST 2007-2009』(DVD)，よしもとアール・アンド・シー, 2010, サンドウィッチマン）

(イ)　（2）では，フロントマンが何を言ったことがなぜ笑いにつながっているのでしょうか。

　　（2）［観光地のホテルのフロントで,「ルーム」サービスとしてもう1つルーム（部屋）が使えるという話から］
　　　　大村（フロントマン）「そのルームのほう，かなり豪華なルームとなっておりまして。」
　　　　藤田（客）「どんな豪華さだよ。」
　　　　大村（フロントマン）「空気清浄機付き，庭付き，露天風呂付き，いわく付きとなっております。」
　　　　藤田（客）「いわくはごめんだよ！」

レッスン14　漫才のことば

〈笑〉

(『M-1 グランプリ the BEST 2007-2009』(DVD)，よしもとアール・アンド・シー，2010，トータルテンボス)

(ウ) （3）では，インタビュアーが何を言ったことがなぜ笑いにつながっているのでしょうか。

（3）　[梶原がプロ野球のヒーローインタビューをしてみたいと言い出し，その練習をしている場面]

梶原（インタビュアー）「いやあ，西野選手，今日は何といっても，先頭打者ホームラン，あれはすごかったですね。」

西野（野球選手）「はい，まさか打てるとは，思いませんでした。」

梶原（インタビュアー）「僕もですよー。」

西野「失礼や，お前！」

〈笑〉

(『M-1 グランプリ the BEST 2007-2009』(DVD)，よしもとアール・アンド・シー，2010，キングコング)

(エ)　（1）〜（3）と同じように，言うべきでないことを言うことが笑いにつながる例を考えて，漫才やコントの会話文を作ってください。

問題3（ア）を考えるときのヒント

日常会話では，自分の言い方で相手がどういう気持ちになるかを気にしながら，適切な表現を選ぶのが普通です。たとえば，客に対しては（4）のような言い方をするでしょう。

（4）「うちのシーフードピザは，とれたての新鮮な魚介類を使っています。」

「死んで間もない魚介類」と「とれたての新鮮な魚介類」は，事実とし

ては同じでしょう。表現としては，どのような違いがあるでしょうか。

●問題3（イ）を考えるときのヒント

　日常会話では，自分が言ったことを相手がどう受け止めるかを気にしながら，何を言うかを考えるのが普通です。たとえば，マンションの賃貸を勧める不動産屋は，「近くに店などが全くなく，不便だ」ということよりも，「騒音が少なく静かな環境だ」ということを言うでしょう。

　なお，「いわく」は込み入った事情のことで，「いわく付き」はよくない事情がある物や，よくない前歴がある人に使われることばです。過去に事件があった部屋や，不祥事を起こしたことがある人などに使われます。

●問題3（ウ）を考えるときのヒント

　（5）は，自然な会話です。
　　（5）［テレビのプロ野球中継を2人で見ていて］
　　　　「まさか，こいつが打つとは思わなかったなあ。」
　　　　「僕もぜんぜん思いませんでした。」
　人間関係によっては，冗談めかした（6）のような会話も自然でしょう。
　　（6）［試合のあと，選手同士で］
　　　　後輩「僕，あそこで打てるとは思いませんでした。」
　　　　先輩「おお，俺も思わなかったよ。」
　　　　後輩［笑いながら］「えっ，先輩，それはひどいっすよー。」
　　　　先輩［笑いながら］「冗談，冗談。あの場面でよくやったよ。」
　（5）（6）のような例も参考にして，（3）が笑いにつながる理由を考えてください。

●問題3（エ）を考えるときのヒント

　日常会話では，言うべきでないことを言ってしまうと，相手に不快感を与え，気まずくなってしまうでしょう。言うべきでないこととはどういうことかを考え，それを言うことが笑いにつながる会話を考えてください。

問題4　予想を裏切る言動が笑いにつながる場合

(ア)　（1）では，救急センターの人の質問に対する石田の答えがなぜ笑いにつながっているのでしょうか。

（1）［川で溺れた少年を助けたが，意識が戻らず息もしていないので，119に電話したという場面］
井上（救急センターの人）「こちら救急センター，どうなさいましたか？」
石田「電話をなさいました。」
〈笑〉
井上「わかってるわ。」
［中略］
井上（救急センターの人）「少年の状況を教えてください。」
石田「仰向けです。」
井上「馬鹿か，お前。もっと伝えなあかんことあるやろ。」
〈笑〉
石田「あ，びしょびしょです。」
〈笑〉
井上「どうでもええわ，そんなこと。」
（『M-1グランプリ the BEST 2007-2009』（DVD），よしもとアール・アンド・シー，2010，NON STYLE）

(イ)　（2）の最後では，真栄田のセリフがどのように笑いにつながっているでしょうか。

（2）［お葬式に行ったときの練習。町で1回見たことがあるだけの人のお葬式に行った場面という想定。］
内間（受付の人）「あの，申し訳ございませんがお引き取りください。」

［中略］

真栄田「ここまで来たんですよ。せめて歌だけでも歌わせてください。」

内間（受付の人）「ちょっと逆の立場になって考えて。いきなり，葬式で，歌わせてくださいって言われて，何て思う？」

真栄田「……歌うの，バラードだろうなあって。」

〈笑〉

(『M-1 グランプリ 2010 完全版』(DVD)，よしもとアール・アンド・シー，2011，スリムクラブ)

(ウ) （3）では，佐藤の言動がどのように笑いにつながっているでしょうか。

（3）［アパートでは，隣の音をうるさがる人がいるという話から，隣人同士の会話の場面］

佐藤［「ピンポーン」とドアのチャイムを押す仕草をして］「すいませーん。」

黒瀬「ガチャッ［とドアを開けるしぐさをして］，あれ，お隣の佐藤さん，どうしたんですか。」

佐藤「どうしたんですか，じゃありませんよ。お宅のテレビの音がうるさくてね，うちの掃除機の音が聞こえないんですよ！」

〈笑〉

黒瀬「聞かなくていいでしょ，そんな音。」

(『M-1 グランプリ the BEST 2007-2009』(DVD)，よしもとアール・アンド・シー，2010，パンクブーブー)

(エ) （1）～（3）と同じように，予想を裏切る会話が笑いにつながる例を考えて，漫才やコントの会話文を作ってください。

レッスン14　漫才のことば

●問題4（ア）を考えるときのヒント

　会話するときには，相手がどう答えるか，どう話が続くかなどを予想しながら，やりとりをします。スムーズな会話のためには，話すほうも聞くほうも，状況や話の流れの中で言うべきことを言う必要があります。

　（1）の「電話をなさいました。」は，自分が電話をかけたときに言う文として，不自然でしょう。

　一方，「仰向けです。」や「あ，びしょびしょです。」は，文脈によっては自然になりそうです。この場面では，なぜ不自然なのでしょうか。

●問題4（イ）を考えるときのヒント

　質問文は基本的には答えを求める文ですが，（4）（5）のように答えを求めるのではない表現になることもあります。

　　（4）「断ったらどうなるか，わかってるよね？」
　　（5）「私のほうが悪いとでも言いたいわけ？」

　（2）の受付の人は，「～って言われて，何て思う？」と言ったらどういう反応が返ってくると期待していたのでしょうか。

●問題4（ウ）を考えるときのヒント

　「お宅の（　　　）がうるさくてね，うちの（　　　）の音が聞こえないんですよ。」という文は自然ですし，そのことを隣人に言うのも自然です。（3）だと不自然になるのはなぜでしょうか。隣人にどういう文句を言うのは自然で，どういう文句だと不自然かといったことも含めて考えてください。

●問題4（エ）を考えるときのヒント

　予想を裏切る言動によって笑いが起きるということは，一般的には予想どおりの会話が行われるということです。まず，答えがある程度予想されるような質問や，そのあとに言うことがある程度予想される場面を考えてから，その予想を裏切る会話を作ってみてください。

課題1

いろいろな漫才を見て，笑わせ方の，コンビによる違いや時代による違いを考察してください。古い漫才は，DVD などで見てください。

課題2

落語では，愚かな登場人物がとんちんかんな会話をするものがあります。
（1） 父親　「おめえだって，もうはたちだろ。」
　　　与太郎「はだしじゃねぇ，俺，下駄履いてきたよ。」
　　　父親　「年のことを言ってんだ。」
　　　与太郎「年だったら，俺は二十じゃねえか。」
　　　父親　「二十のことをはたちと言うんだ。」
　　　与太郎「三十は，いたちかい。」
　　　　　　（「牛ほめ」『落語　春風亭柳好』(CD)，AMUSE MEDIA）

この与太郎のような人物が登場する落語を聞いて，ことばによる笑わせ方にどのようなものがあるかを分類し，考察してください。

課題3

喜劇（コメディ）でも滑稽な会話で笑わせることがあります。（2）は舞台劇を映画化したもので，一般市民が陪審員として審議を始める場面です。
（2）　1号「会議の進め方は二つあります。まず決を取ってから話し
　　　　　合うか，話し合ってから決を取るか」
　　　12号「先に決取った方が分かりやすいと思います」
　　　1号「では，決が先か，話し合いが先かで決取りたいと思いま
　　　　　す。その前に，まず決取るかどうかで，決取るのが先かな。
　　　　　決を取るのに賛成の人」
　　　（三谷幸喜「12人の優しい日本人」，シナリオ作家協会編『'91年鑑
　　　代表シナリオ集』p.315，映人社，1992）

このように喜劇や喜劇的な作品に現れる，ことばによる笑わせ方にどのようなものがあるかを分類し，考察してください。

レッスン 15 外国の人の日本語

　(1)は外国の人と日本人の会話例です。この会話の最後に外国の人が「ああ，そうですね」と言ったことに，日本人のほうは違和感をもちました。
　　(1)　外国人「自分で料理を作りますか。」
　　　　　日本人「ええ，けっこう作りますよ。」
　　　　　外国人「どんな料理を作りますか。」
　　　　　日本人「よく作るのはパスタです。カルボナーラとか。」
　　　　　外国人「ああ，そうですね。」
「得意料理がパスタだって知らないはずなのに」と思ったのです。「ああ，そうですね」ではなく，「ああ，そうですか」と言ってくれていたら，全く違和感をもたなかったはずです。
　このように，日本語を勉強中の外国の人は日本人にとっては違和感がある話し方をすることがあります。また，日本人が言ったことを誤解することもあります。
　このレッスンでは，外国の人の日本語を分析していきましょう。

問題1　ことばの使い方が違う外国の人の日本語

（ア）　まだ日本語が上手ではない外国の人は，（1）のような言い方をすることがあります。この人は何が言いたかったのだと思いますか。なぜ「低い」を使ったのでしょうか。

　　　（1）　このラーメンは低いです。

（イ）　（1）は不自然ですが，（2）は自然です。（1）が不自然で，（2）が自然になるのは，何が違うからでしょうか。「低い」を使っていろいろな例を考えた上で，どんな場合は不自然になり，どんな場合は自然になるかを整理してください。

　　　（2）　この山は低いです。

（ウ）　まだ日本語が上手ではない外国の人は，（3）のような言い方をすることがあります。この言い方はどこが不自然ですか。どう言えば，自然ですか。

　　　（3）　風邪をひいたので，薬を食べました。

（エ）　（3）は不自然ですが，（4）は自然です。このような違いが出てくるのは，（3）と（4）では何が違うからでしょうか。いろいろな例を考えた上で，どんな場合は不自然になり，どんな場合は自然になるかを整理してください。

　　　（4）　おなかの調子が悪いので，おかゆを食べました。

●問題1（ア）を考えるときのヒント

　この人が（1）で言いたかったのは，ラーメンの丼の高さでも，カロリーのことでもありません。何のことだと思いますか。「低い」の反対語を考え，その語の反対語は何かをよく考えてみると，この人が言いたかったことも，なぜ「低い」と言ったのかもわかるでしょう。

●問題1（イ）を考えるときのヒント

　最初に，（1）と（2）それぞれの「低い」の意味を考えてください。

なぜ(1)が不自然で,(2)が自然なのかを考えるだけなら,簡単かもしれません。しかし,ほかの例も考えると,それほど簡単には整理できないことも出てきます。たとえば,(1)で「低い」を使うのは不自然ですが,(5)で「低い」を使うのは不自然だとは言えません。(6)で「低い」を使うのは自然です。「安い」を使うより自然でしょう。

　　（5）　給料の低い会社には就職したくない。
　　（6）　私は年収が低い。

(1)と(5)(6)では何が違うのかを考えてください。

●問題1(ウ)を考えるときのヒント

たとえば中国語では「薬を食べる」のような言い方をしますが,日本語では「薬を食べる」は不自然です。日本語ではどう言いますか。

ついでに言うと,たとえば英語では「スープを食べる」のような言い方をしますが,日本語では「スープを食べる」は普通は不自然です。日本語ではどう言いますか。

●問題1(エ)を考えるときのヒント

中国語にも,日本語の「食べる」に当たる動詞があります。中国語では「薬を食べる」のように言うのに,日本語では「薬を食べる」と言わないのは,どんなときに「食べる」を使うかが中国語と日本語で違うからです。

日本語では次のものに対して「食べる」を使うかどうかを考えてください。そして,どんなときには「食べる」を使い,どんなときには「食べる」を使わないかをまとめてください。

　　（7）　ジュース
　　（8）　アイスクリーム
　　（9）　ヨーグルト
　　（10）　飲むヨーグルト
　　（11）　スープ
　　（12）　シチュー

問題2　ことばの組み合わせ方が違う外国の人の日本語

(ア)　まだ日本語が上手ではない外国の人は，(1)のような言い方をすることがあります。この言い方はどこが不自然ですか。どう言えば，自然ですか。

　　(1)　この時計は高いじゃないです。

(イ)　(1)のように言いたくなるのには，理由があるはずです。(1)は「～じゃないです」と言うと不自然になりますが，そう言いたくなるのは，「～じゃないです」と言うのが自然な場合と混同したのだと思われます。どんな場合と，どう混同したのでしょうか。

(ウ)　まだ日本語が上手ではない外国の人は，(2)のような言い方をすることがあります。この言い方はどこが不自然ですか。どう言えば，自然ですか。

　　(2)　この部分は，私から説明していただきます。

(エ)　(2)のように言いたくなるのは，(3)と(4)と(5)と(6)で「誰が説明するか」が変わり，難しいからだと思われます。(3)に「させる」が付いた(4)では「誰が説明するか」がどう変わりますか。また，(3)に「ていただきます」が付いた(5)では「誰が説明するか」がどう変わりますか。さらに，(3)に「させる」と「ていただきます」の両方が付いた(6)では「誰が説明するか」がどう変わりますか。このような変わり方を整理して，私が説明するときはなぜ(5)ではなく(6)のように言わなければならないかを考えてください。

　　(3)　説明します。
　　(4)　説明させます。
　　(5)　説明していただきます。
　　(6)　説明させていただきます。

問題2（ア）を考えるときのヒント

この人が（1）で言いたかったのは、高価ではないということです。そういう意味のときは、「高い」をどのような形にしますか。

問題2（イ）を考えるときのヒント

（7）と（8）では「じゃないです」を使うのは自然ですが、（9）では「じゃないです」を使うのは不自然です。

（7）　これはソースじゃないです。

（8）　ここは静かじゃないです。

（9）×これはおいしいじゃないです。

これ以外にもいろいろな例を考えて、どんな場合に「じゃないです」を使い、どんな場合に使わないのかを考えてください。「じゃないです」を使うかどうかは、「じゃないです」の直前に来る「ソース」「静か」「おいしい」などの性質によって決まります。

その上で、この人は何とどう混同したのかを考えてください。

問題2（ウ）を考えるときのヒント

この人が（2）で言いたかったのは、「私から説明する」、つまり「私が説明する」ということです。そういう意味のときは、何と言いますか。

「私から説明します」や「私から説明いたします」とも言いますが、「ていただきます」を使った言い方もできます。

問題2（エ）を考えるときのヒント

（3）で「説明する」のが「私」だとすると、「させる」を付けた（4）ではどうなるでしょうか。「説明させる」のは「私」ですが、「説明する」のは「私」ではない別の人になるでしょう。

（5）と（6）についても、「説明していただくのは誰か」、「説明するのは誰か」などを一つひとつ考えた上で、「させる」や「ていただきます」が付くと「説明する」人がどう変わるのかを分析してください。

問題3　いつ何を言うかが違う外国の人の日本語

（ア）（1）のように外国の人が何も言わないことに対してどう思いますか。自分だったら，友だちの消しゴムを借りるとき，何か言いますか。言うとすると，何と言いますか。

（1）同じクラスにいる親しい留学生が授業で隣に座ったとき，机の上に置いている私の消しゴムを何も言わずに使い，何も言わずに元の場所に返すことがよくある。

（イ）自分のものではないものを使うときに何か言うかどうかは，日本語でも，誰の何を使うかによって違います。個人差もあるでしょう。次のような場合はどうでしょうか。

（2）自分の家で家族で食事をしているときに，食卓にあるマヨネーズを使う場合

（3）家族で旅行をしているときに，写真を撮るために家族の一人が持ってきて，テーブルの上に置いているタブレットを使う場合

（4）年上の兄弟が入学式で着るために自分のお金で買った服をそのあと家族共用のクローゼットに入れたままにしているのを自分の入学式で着る場合

（ウ）（1）の留学生は，親しい友だちの消しゴムを借りるときには何も言わないほうがよいと思っている可能性があります。なぜ何も言わないほうがよいと思っているのだと思いますか。（イ）で何も言わない場合があれば，なぜ何も言わないのかを考え，それも参考にしてください。

●問題3（ア）を考えるときのヒント

（1）のような経験をしたことはないかもしれませんが，自分がそのような状況になった場合を想像して考えてください。

●問題3（イ）を考えるときのヒント

（2）〜（4）の状況を思い浮かべて，自分だったら何か言うか，言うとすると何と言うかを想像してください。

（2）〜（4）の状況が少し変わると，何か言うかどうかが変わる場合もあるでしょう。たとえば，（4）で年上の兄弟がその服を自分自身の部屋のクローゼットに入れていて，よく着ている場合はどうでしょうか。

できれば，これ以外にもいろいろな状況を考え，それぞれの状況で何か言うか，言うとすると何と言うかを想像してください。

その上で，自分のものではないものを使うとき，どんな場合に何か言って使い，どんな場合に黙って使うかを整理してください。

●問題3（ウ）を考えるときのヒント

この留学生は，（1）の状況では何も言わないのは当然で，何か言うのは変だと思っている可能性が高いです。

日本語でも，何も言わないのが普通で，何か言うのは変だという場合があります。（2）〜（4）の状況の中にも，何も言わないのが普通だという場合があったかもしれません。

（5）や（6）のような状況では，どうでしょうか。

（5）　家族の一人がリビングルームのテーブルに座り，鉛筆や消しゴムを出して何かの作業をしている。自分も同じテーブルに座っていて，自分の近くにある消しゴムを使う場合。

（6）　クラスメートの何人かが丸いテーブルの周りに座って学園祭の企画を考えている。一人が自分の消しゴムを出して使ったあと，テーブルの真ん中に置いている。その消しゴムを使う場合。

日本語でも何も言わない場合があります。それを参考にして，この留学生がなぜ何も言わないほうがよいと思っているのかを想像してください。

なお，この留学生は「授業中だから，声を出さないほうがよい」と思っているのではない可能性が高いです。声を出してもよい状況でも，同じように何も言わないはずです。

問題4　どう書くかが違う外国の人の日本語

(ア)　(1)は，清水睦美『ニューカマーの子どもたち―学校と家族の間の日常世界―』(p.1，勁草書房，2006)で紹介されている作文の一部です。これは，「来日2年になろうとする中学1年生の中国籍の女の子」が書いたものだということです。この作文を書いた人が書きたかったことを想像して，それをわかりやすい日本語で書き直してください。

　　(1)　外来の人になにもてきません。学校きたからみんなてわるいのはなしいわれました。この人ともだちいない。自分てさふしかたです。この人を中国から来ました。いろいろがわかないし。たれかおしえて欲しい。でもみなでわたしのきもちなんかわかないです。わたしはわかる一年前にわたしは日本にきたの学校にきたときに。みんな怖い。学校にいきたぐない。こころときときする。教室の中に。みなてなんかいわれた。わたしはいろいろかわかりません。たれかたずけて。自分て怖いかた。わたしは学校でいぢめることあります。あのどき怖いかた。あの人のきもちわたしはわかります。あのときさぶしかた。

(イ)　(1)を，それを書き直した日本語と比べながら，この人はどんなときにどんな書き方をするのかを分析してください。

(ウ)　この人の書いた日本語を誰でも簡単に読み解けるように，「こういう書き方が出てきたら，こういう意味の可能性がある」というマニュアルのようなものを作ってください。そこには，(2)のような項目が並ぶことになるでしょう。

　　(2)　「かた。」は「かった。」という意味，「かたです。」は「かったです。」という意味の可能性が高い。

● 問題4（ア）を考えるときのヒント

（1）を読んでも，初めはよくわからない部分が多いかもしれません。しかし，いろいろな可能性を考えながらゆっくり読んでいくと，わかる部分が増えていくでしょう。

そのとき，（3）〜（5）のようなことにも注意して，この人が書きたかったことをわかりやすい日本語で書き直してください。

- （3）「てきません」は「できません」ではないかというような想像をしてください。そう考えると，同じように「て」を「で」と考えれば意味が通るような箇所が出てくるでしょう。
- （4）「わたしは学校でいぢめることあります」と書いてありますが，「わたし」が誰かをいじめたことがあると考えるのがよいでしょうか。前後の文脈を考え，ほかの可能性がないかを想像してください。
- （5）この文章には「わたし」のことのほか，「この人」（＝「あの人」）のことも書かれているようです。どの部分が「わたし」のことで，どの部分が「この人」のことなのかを見分けてください。

● 問題4（イ）を考えるときのヒント

元の日本語と問題4（ア）で書き直した日本語を比べ，どこをどう変えたかを書き出してください。その上で，同じような種類のものを集め，整理してください。

● 問題4（ウ）を考えるときのヒント

問題4（イ）で整理したことをもとにして，「こういう書き方が出てきたら，こういう意味の可能性がある」という（2）のような具体的な項目を並べてください。

項目を並べる順序は，同じような種類のものをまとめて書く形でもよいですし，よく出てくる重要なものを先に書き，あまり出てこないものを後に書く形でもよいです。

課題1

　外国の人が書いた不自然な日本語がそのまま載っているページをインターネットで探してください。たとえば，次のようなページです。
　　マリカの日本語教室（http://www.japandanceart.com/comment1.htm）
　そこに載っている不自然な日本語をどこがどう不自然かという観点から分類してください。不自然な日本語をすべて分類する必要はありません。

課題2

　国立国語研究所のウェブサイトで「多言語母語の日本語学習者横断コーパス」(I-JAS) の一部が公開されています。これは，世界のいろいろな国・地域の日本語学習者にいくつかの課題を与えて，日本語で話したり書いたりしてもらったデータです。
　「多言語母語の日本語学習者横断コーパス」(I-JAS) のサイトから「関連データ配布」に進み，日本語学習者に話してもらったことを文字に書き起こしたファイルや，日本語学習者に書いてもらったメールや作文のファイルをダウンロードしてください。
　それらのものから日本語として不自然な部分を見つけ，それぞれの部分についてなぜそのように話したり書いたりしたのかを分析してください。ファイルがたくさんありますので，興味があるものだけでかまいません。
　なお，このコーパスの利用には利用申請が必要です。利用申請についての詳しい情報は，「多言語母語の日本語学習者横断コーパス」(I-JAS) の「検索画面」をクリックすると出てきます。また，このコーパスの詳しい情報は，「研究詳細」の中の「I-JAS関連資料」にあります。

課題3

　初めて日本語を勉強する外国の人が使う教科書を探し，その教科書ではどんな順序で何をどう教えているのかをまとめてください。可能であれば，小学校1年生用の国語の教科書と比べて，その違いを考えてください。

[著者紹介]

野田尚史（のだ　ひさし）
日本大学教授。1956年石川県金沢市生まれ。大阪外国語大学イスパニア語学科卒業，大阪外国語大学修士課程日本語学専攻修了，大阪大学博士課程日本学専攻中途退学，博士（言語学）。大阪外国語大学助手，筑波大学講師，大阪府立大学助教授・教授，国立国語研究所教授を経て現職。著書『「は」と「が」』（くろしお出版，1996），『日本語学習者の文法習得』（共著，大修館書店，2001），『なぜ伝わらない，その日本語』（岩波書店，2005）など。本書では企画・構成のほか主にレッスン5，8，9，13，15を担当。

野田春美（のだ　はるみ）
神戸学院大学教授。1964年福岡県筑紫野市生まれ。東京外国語大学フランス語学科卒業，筑波大学修士課程地域研究研究科修了，大阪大学博士後期課程日本学専攻単位取得退学，博士（文学）。大阪大学助手，園田学園女子大学講師・助教授，神戸学院大学助教授を経て現職。著書『「の（だ）」の機能』（くろしお出版，1997），『モダリティ』（共著，くろしお出版，2002），『グループワークで日本語表現力アップ』（共著，ひつじ書房，2016）など。本書では主にレッスン1～4，6，7，10～12，14を担当。

〈アクティブ・ラーニング対応〉
日本語を分析するレッスン
© NODA Hisashi, NODA Harumi, 2017　　NDC810／vi, 166p／21cm

初版第1刷——2017年4月30日
　　第4刷——2021年10月1日

著者————野田尚史，野田春美
発行者————鈴木一行
発行所————株式会社　大修館書店
　　　　〒113-8541　東京都文京区湯島2-1-1
　　　　電話　03-3868-2651（販売部）　03-3868-2294（編集部）
　　　　振替　00190-7-40504
　　　　［出版情報］https://www.taishukan.co.jp

装丁者————下川雅敏
イラスト————香取亜美
印刷所————広研印刷
製本所————牧製本

ISBN978-4-469-21362-1　Printed in Japan
Ⓡ本書のコピー，スキャン，デジタル化等の無断複製は著作権法上での例外を除き禁じられています。本書を代行業者等の第三者に依頼してスキャンやデジタル化することは，たとえ個人や家庭内での利用であっても著作権法上認められておりません。

［入門］ことばの世界
瀬田幸人，保阪靖人，外池滋生，中島平三　編著

最新の情報を盛り込みながら，日本語や英語を中心にことばの不思議を紐解く言語学入門。音声・文法・意味から言語と文化の関連までを解説する。欄外にポイントやキーワードをまとめ，学習しやすさへの配慮を施し，練習問題も充実させた。　B5判・176頁　定価1980円（本体1800円＋税10%）

文章のレッスン
前田鼎　著

書き手の主張を明快に伝え，読み手を目的に応じて説得できる論文・レポート，広告文などをどう書けばよいか。発想の芽を見つけ，様々なアイデアにつながりをつけ，言葉を吟味し，全体の構成を組み立てる方法を勘所を押さえて伝授する。　四六判・344頁　定価2200円（本体2000円＋税10%）

大学生・社会人のための言語技術トレーニング
三森ゆりか　著

欧米の母語教育では必須の「言語技術」。そのアプローチを日本語に応用した，これまでにないことばのトレーニング。対話・描写からエッセイまで，面接・プレゼンやレポート・論文作成に役立つ，論理的なことばの使い方が身につく。　A5判・264頁　定価2420円（本体2200円＋税10%）

パワー・ライティング入門
説得力のある文章を書く技術

入部明子　著

パワー・ライティングは4つのパワーの組み合わせで，説得力のある文章が書けるようになるアメリカ型の文章作成術。さまざまなニーズに対応できるその方法を実例でわかりやすく解説する。
　A5判・144頁　定価1980円（本体1800円＋税10%）

レポート・論文をさらによくする「書き直し」ガイド
大学生・大学院生のための自己点検法29

佐渡島紗織，坂本麻裕子，大野真澄　編著

いい論文・レポートを書くためには，ただ書くだけでなく，それをさまざまな観点からチェックし練り上げていくことが必要である。早稲田大学の文章指導員が，実例をもとに推敲や自己点検のポイントを示した実践的テキスト。
　A5判・156頁　定価1760円（本体1600円＋税10%）

大修館書店